종이 사막

종이 사막

김양숙 시집

시와산문사

시인의 말

 아직도 벽 너머에서 피 흘리는 단어들을 찾아내어 가슴으로 끌어안으려 한다. 그게 타협이라는 이름이어도 좋다.

 세상을 떠돌다 상처투성이가 되어 돌아오는 또 다른 말들에게 가슴을 내어주려 한다. 그게 비굴이라는 굴레를 쓰는 일이라 해도 좋다.

 이제 내 안에 완강하게 버티고 섰던 벽들을 허물려 한다.

 시란 다른 장르와는 다르게 사실을 말하기보다 진실을 알리고자 함이 큰 장르이다. 그런 의미에서 시집의 챕터를 나누는 것조차도 시인의 의도를 드러내는 일이다.

시집 『종이 사막』은 5개의 챕터로 나누었다. 첫 번째 챕터는 시인이 구성원이 되어 살아가는 현대인들의 고단한 삶의 현장으로 손을 내민 작품들이다. 시인이 몸담고 있는 삶의 현장인 사막 즉 「종이 사막」으로 손을 내민 작품이다. 그리고 「깡깡이 마을」은 부산에 있는 마을로 망치 하나를 들고 배에 매달려 삶을 일구는 우리 어머니들이 얘기다. 그리고 「낙타와 말 걸기」는 사분오열되는 현재 우리 사회의 현상을 들려주고 있다. 둘째 챕터 「왜 아픈 동백이야」는 시인이 원죄처럼 끌어안고 있는 상처 4.3에 관한 시들이며, 이태원의 아픔을 쓴 「그 골목의 책장 풍경」과 12·3 계엄 이전 광화문으로 달려가던 마음을 쓴 「11월의 폭설」 등을 묶었다. 세 번째 챕터 「활자의 정원」에서 시인은 신부님 앞에서 고해 성사하듯 「게틀레기의 고해성사」로 독자들에게 고해성사를 하고 있다. 즉 시인의 삶과 닮은 소시민적 삶의 문제점을 위주로 묶었다. 네 번째 챕터 「서양등골나무」는 꽃과 나무에 관한 시들로 묶었다. 다섯 번째 챕터 「그리운 농담」에선 시인의 그리움의 둘레에 머물고 있는 시들이다. 다만 마지막 시 「자코매티의 행렬」은 사실 두 번째 챕터에 들어가야 하는 시인데 시집을 편집한 후에 갑자기 이번 시집에 올리게 되어 51번째 자리에 놓이게 된 시다.

 '시인의 말'에서 중언부언하는 이유는 미술관에서 그림을 감상할 때 도슨트가 필요하듯이 제 시를 마주하는 독자들이 시에 대한 이해도를 높이고 조금이라도 더 시에 가까이 다가갈 수 있는 시의 길라잡이가 되었으면 하는 바람이다.

2025년 여름
김 양 숙

차례

김양숙 시집 – 종이 사막

1부

종이 사막

몽고반점 / 15
깡깡이 마을 / 17
낙타와 말 걸기 / 19
담쟁이의 보법 / 22
중동역의 피핑톰* / 23
종이 사막 / 25
절영도 / 28
뿌리로 가는 문 – 경순왕릉 / 30
배롱나무의 일기장 / 32
감씨의 배후 / 34

차례

2부

왜 아픈 동백이야

동백에 묻다 - 4.3 / 39
상징에 대한 예의 - 4.3 / 41
왜 아픈 동백이야? / 44
현무암의 기억 - 4.3 / 46
화면 밖에서 오래된 슬픔을 씹었다 / 48
재두루미 / 50
그러니까 민주 / 52
노을은 또 다른 시작으로 가는 골목 - 매향리 / 53
그 골목의 책장 풍경 - 이태원 / 56
11월의 폭설 / 58

차례

김양숙 시집 – 종이 사막

3부
활자의 정원

게틀레기의 고해성사 / 61
깨어진 봄의 행로 / 64
신 흥청망청 / 67
칼로의 골목 / 69
활자의 정원 / 72
물이 꽃이 되다 / 74
세 겹, 또는 여자 / 75
일식, 또는 그물망 / 77
전설과 토산뱀* / 79
접혀진 아래아 / 80

차례

4부
서양등골나물

달개비꽃 - 제암리 / 85
명자꽃 / 87
아름다운 증표 - 꽃무릇 / 89
서양등골나물 / 92
순비기나무 / 94
가을, 화살나무 / 95
선운사 동백 / 97
청령포 소나무 / 99
풍낭의 사생활 / 100
가을 나무의 전언 / 102

차례

김양숙 시집 – 종이 사막

5부

그리운 농담

익명의 일기 – s에게 / 107
불온한 동거·3 – 이명 / 109
북부역 혹은 각주 / 110
발칙한 뿌리 / 112
무빙워크 / 113
괄호 안의 백과사전 – 김야천 화가 / 116
건전지의 불면 / 118
충분하다 / 119
물 먹이다 – 골드 미스 / 121
그리운 농담 / 122
자코메티의 행렬 – 골령골 / 124

■ **해설** | 바람이 전하는 말
 – 이동재(시인, 소설가) / 129

1부
종이 사막

몽고반점

사는 동안 꼭 한번 가보자고 시작된 길
가끔씩 꿈은 물소리에 잡혀 시간을 거슬러 올랐다

넘치는 물소리 몸 안에 가둘 수 없어
처음 흐르기 시작한 게 바다가 아니라 호수였다니

사랑의 죗값으로 만들어진 종種 가둘 수 없었다
은밀한 비밀을 지닌 할머니가 조상祖上인 탓으로
어둠이 흘러내리기 시작하면 극존칭이 되는 당신
달의 쇄골 밖에서 당신이라는 이름 대신
움켜쥐고 있던 물소리를 베고 잠들었다

사랑의 연대기보다 먼저 물 무덤을 찾고 싶었다
당신에 관한 주석을 몸에 새기고자
겨울이면 바이칼호수행 기차표를 들여다보곤 했다

복선으로 깔린 전설을 규명하고 싶었다

깊이와 넓이를 재구성해야 한 세계가 태어난다는
투명한 슬픔을 고집하며 궁둥이를 내밀었다

철썩
푸른 소리가 궁둥이에 입체적으로 박혔다

그게 바이칼 호수가 피에 섞여 흘러온 증표였다니

깡깡이 마을

쇠가 쇠에게 맞아 우는 소리
그건 통째로 마을을 채우는 울음소리
그러나 함부로 해석해선 안 되는 소리
그 울음소리를 받아먹으며 자란 마을이 있다

쇠에 맞아 우는 소리는
굴뚝으로 들어가 방을 덥히고
골목을 깨우는 아이들의 신발 문수를 키우고
바다를 향해 서 있는 꿈의 중심을 열어주고
골목은 깡깡 소리를 등에 지고 바다로 길을 내며 흘렀다

마을 입구에 서서 깡깡 소리 따라 나를 두드려 본다
내 안에 붙어있는 녹이 벗겨질까
삶의 군더더기들이 떨어질까

깡깡 거리는 소리 몸 안에서 들을 수 있다면
이번 생에서 가장 아름다운 소리를 만든 사람들일 것이다

바다를 깨우며 출항을 서두르는 뱃고동 소리 대신
바다와 골목의 경계에 숨겨 놓은 깡깡 소리

마을을 기억하는 신호가 구멍이 숭숭 뚫린 쇠의 울음소리
였다니

낙타와 말 걸기

 참 이상도 하지 도시 곳곳에 낙타가 출몰하다니 신호등은 여전히 건재한데 건널목을 사이에 두고 맞닥뜨리는 낙타의 눈빛은 붉은 등으로 흔들리고 있소 결국 건널목을 건너지 못한 길은 사막 쪽으로 흐를 것이오

 꿈과 현실의 경계에 놓인 사막의 능선만을 바라보는 낙타를 본 적이 있소 봉인된 서로의 관계 속 마지노선에는 주장을 위한 주장이 난무하는 깃발들이 즐비했소 목젖 너머로 넘겨야 할 주장의 크기는 재단하기 어려워 높은 빌딩 쪽으로 키를 돌렸소 그러나 빌딩 안에는 또 다른 낙타가 있었소 우린 그 낙타의 생존에 대해 무책임해지고 싶었소

 낙타의 행적을 쫓아 잠속으로 들어가면 잠 밖에서만 존재하는 꿈이 있소 그대가 버린 나에 대하여 내가 버린 그대에 대하여 서로의 마음을 토막 내며 페이지를 넘기던 시절 낙타의 눈썹 위에서 불던 폐허의 바람을 잘라내어 미라지[*]에게 건네주고 낙타의 말로 해설을 달아주고 싶었소

 갈기갈기 찢어진 바람이 구호가 되어 빌딩 숲으로 숨어들었소 그러나 바람이 찢어지는 이유는 묻지 않기로 했소 대

신 잠 밖에서만 존재하는 꿈으로 또 다른 성을 쌓기로 했소

   이제 낙타의 속눈썹으로 읽어내던 순수는 사라지고 없소 동결된 영혼으로 만들어진 미라지만 사막 한가운데를 관통하고 있을 뿐 사막은 오래전 바다를 끌고 다니던 영토였다는 진실을 부인하지 않소

   빌딩 사이로 숨어드는 바람에 살이 차오르면 모래가 연주하는 미래를 읽어야 하오 사라진 시간만을 기억하는 사막의 숭고함에 경의를 표하는 이들은 봉인해제 후 모래로 사라지는 시간의 순례자였소

   누군가의 등에 낙타의 발성법으로 말을 뱉는 계절은 영원한 건기였소 목젖 너머로 넘기던 물살의 횟수를 이합집산의 상징이었다고 믿고 싶진 않았소 그건 단지 쟁점의 문제였다고 말하고 싶었소

   아우성치는 골목에는 균열한 시각들이 존재하오 이들은 경계를 그어 놓고 땅 따먹기 하는 장기판 앞에서 간극이 전하는 진실을 외면해야 했소 그건 무너지는 관계를 바라보는 목도의 순간이 그곳에 있었음을 인식해야 함이오 닳고 닳은 시간만 기억하는 사막의 숭고함은 늘 모래시계 속에

갇혀 있소

　오랫동안 바람이 자라는 소리가 골목에서 들려왔소 이제 색맹을 가진 개들을 풀어줄 차례인 거요 늑골 밑 수런거리는 피가 개와 닮았기 때문이오 개들은 별자리의 살갗을 들추고 들어가 골짜기마다 이빨 자국을 남기고 영역표시라며 엄지를 세울 것이오

　팽팽하던 익명의 쟁점을 놓아 버리자 빌딩 숲에서 자라던 촛불은 바람이 굴러가는 쪽으로 발을 내밀고 완강해지기 시작했소 점점 사막화되어 가는 사람과 사람 사이에 부둥켜안아야 할 말들이 굴러 다녔소 목적어를 두고 돌아 나오는 골목에는 거품이 일었소 거대한 빌딩 유리에 비친 여러 색깔의 거품이 세상을 씻어줄 수 있는지 낙타의 구호가 휘어진 세상을 펼 수 있는지 물어보고 싶었소 투명성을 찾아 고통을 자처하는 이들이 있는 곳이 현장임을 나중에서야 알았소 이제 제 뼈를 부비며 닳고 있는 언어들이 사막에 닿으면 낙타는 마른 내장을 흔들어 눈물을 슬어낼 차례인 거요

＊미라지mirage : 신기루라는 뜻

담쟁이의 보법

사람이 사람에게 기대고 싶은 건
사랑하고 싶기 때문입니다

서로가 서로에게 손을 내미는 건
절망으로 떨어지는 서로를 잡아주는 일입니다

사람이 사람을 믿는다는 건
서로의 허물을 감싸주는 일입니다

거센 바람에 뚫려버린 벽을 수선하는 일은
담쟁이가 낮은 포복으로 끊임없이 기어오르는 일입니다

때론 담쟁이처럼 살고 싶을 때가 있습니다

벽을 오르려고 움켜쥔 일곱 개의 발톱이
절망에서 더 뚜렷해지듯이

중동역의 피핑 톰*

어릴 적 안방 창문
창호지 사이에 붙여진 유리에 엎드려
납작 돼지코를 만들며 들여다보던 창
마당에는 대문을 향하던
젊은 아버지의 발자국을 찍혀 있고
바람은 이웃집 개의 울음소리를 싣고 와
돌담 틈에서 컹컹거리고
언니가 마을 밖에서 귀동냥 해오던
순자네 집 소문은 웃자라
섬을 떠나고
그리고 나도 떠나고

중동역에 세워진 방음창을 따라 까치발을 들고 선 벚나무들
제 몸을 열며 화르르 몸 밖으로 나온 벚꽃들
방음창에 엎드려
납작 돼지코를 만들어
늙은 신의 고지서 대신
고다이바*의 밀서를 지고
달려가고 달려오는

젊은 신들의 어깨를 바라보고 있다

*피핑 톰: '훔쳐보는 톰'이라는 뜻으로, 11세기 영국의 레이디 고다이바Lady Godiva의 전설에서 유래해 관음증과 엿보기를 일컫는 관용어로 정착된 말

*고다이바: 영국 코번트리 영주의 아내 남편이 높은 세금을 부과해 백성들이 고통받는 것을 보고 세금을 감면해 달라 호소한다. 그러자 영주는 백성을 사랑한다면 알몸으로 마을을 한 바퀴 돌아 진심을 증명하라는 조건을 내걸었고, 고다이바는 실오라기 하나 걸치지 않은 채 말을 타고 거리를 돌았다. 마을 사람들은 고다이바의 고귀한 마음에 감동해 그녀가 거리를 돌 때 창문을 닫고 밖을 보지 않기로 약속했으나 동네 재단사였던 톰Tom이 약속을 어기고 문틈으로 고다이바를 몰래 훔쳐봤고, 톰은 이후 시각장애인이 되어 평생을 살았다고 전해짐.

종이 사막

지금은 시차差時여행 중
애초 사고지점은 내 안에 있었다

사랑한다는 말을 듣는 시점은
순간이 순간에 닿는 불모지의 허구

사랑해서 배고프지 않았던 혁명의 시절 있었다
나를 지탱해 주던 척추가 주저앉을 때 알았다
사랑한다는 말이 얼마나 무책임한 말인가를

사랑이란 단어를 쪼개면 쏟아지는 슬픔의 뼈
몇 겹의 추위가 뼈에 파고들수록 아득해지는 종이 위
이력에 들어가지 못하는 영혼이 부서지기 시작했다

당신이 남기고 간 모든 것들이 슬픔이었다면
그 씨앗들을 종이 위에 심고 마른 눈물로 키워야 했다

서로의 얼굴에 서로의 얼굴을 새기던 계절은 지나고
겨울 저녁 일기장 속으로 걸어 들어가면 남아있는 내가 낯
설어져

종이에 싸여있는 당신의 마음을 장작 삼아 불을 지핀다
조금씩 젖어오는 일기장
페이지 없는 안개를 끌어다 종이 사막에 묻었다

 낯익은 안부를 피해 전화기 속으로 숨어들어 파미르고원의 별빛을 그리워하거나 파타고니아의 우수아이아 등대를 그리워했다 파미르고원의 별빛은 누구의 상처로 키워진 빛인가 우수아이아 등대에 가면 절망을 감싸는 불빛이 보일까 그곳에서 만져지는 바람은 고향 집 해변에서 만지던 바람과 무엇이 다를까

자웅동체로 자라는 슬픔의 반지름을 가늠해 본다
물을 줘도 자라지 않는 반환점은
종이 사막을 수식하는 문장이 되고
힌트가 가득한 방에서도 문은 열리지 않았다
꼭 한번은 열어보고 싶었던 당신의 흉곽

지상에서 열어볼 수 없는 내일의 시간을 정의해 보면
마지막 영지靈地는 허공으로 뻗는 가지 세 개가 전부였다고
그러나

당신이 남긴 슬픔으로 종이 사막을 건너고 있다고

 발아래 허공보다 더 아찔한 절벽이 당신과 내가 세운 처음이자 마지막 성이었나를 묻는다 또는 하늘에 끈 없이 매달린 몸뚱이로 바람을 막아 생이 건조해지듯 몰락한 종갓집 제단 위에 놓인 족보 대신 넓이와 깊이를 가늠하며 의도치 않게 어둠에 관여해야 했다

흉곽은 어둠으로 채워져 있었고
어둠을 파먹으며 자란 눈먼 뼈를 천천히 더듬어 내렸다

마른 눈물을 밀면서 오래달리기하다 보면
종이 사막을 건널 것도 같아
비를 기다리는 대신 바람 속에서 며칠 더 살기로 했다

 종이 사막에서 찾아낸 것은 의식의 띠를 물고 발화를 기다리는 한 송이 꽃이었다

절영도 絕影島*

두 손을 눈썹 위에 얹고
그림자마저 끊어내고 혼자 앉아 있던 섬을 바라보네

젊은 어머니가 실눈 뜨고 바라보면
저 섬은 대륙으로 보일까 바다로 보일까
이분법에 길들여진 고장 난 질문들

영도 얘기를 해달라면
구순 어머니가 한숨에 달려가는 15살
뚜렷하게 각인된 영도의 어느 여
미역을 따러 갔다 전쟁에 갇혀있던 삼 일간
삶과 죽음의 경계를 넘나들던 얘기
띄엄띄엄 풀어내는 기억의 주머니 속 고장 난 간극에는
바다를 건너고 싶었던 15살 소녀의 열망이
오래된 비극의 시간이 살아 숨 쉬고 있다

섬의 문턱에 도개교를 이어 붙여
섬 아닌 섬이 된 섬
선택적 오류로 이름을 잘라내고
전설로 물러앉은 절영도

어제의 끊어진 이름을 찾는다
사라진 시간의 그림자를 찾는다

어제는 사라지는 것이 아니라 잠깐 스쳐 간 시간 위에 새겨지는 것일까
어머니의 시간대에 어머니의 모서리가 되어버린
젊은 숨비소리를 품고 있는 섬

오늘은 영도 숲에서 젊은 숨비소리 대신 섬휘파람새의 울음소리를 듣는다

*절영도 絕影島: 부산의 영도를 이르며 과거에는 목도 牧島라고도 불렸으며 일제 강점기에 절영도를 줄여 영도로 부르게 되었다고 한다.

뿌리로 가는 문
― 경순왕릉

섬을 등에 지고 떠나올 때
꼭 가보고 싶은 곳이 있었지요
호적부를 뗄 때마다 본관 란에 올라있는 나주
56대 경순왕 둘째 아들이 머문 곳이라는데

피를 거슬러 오른다는 것은 무엇을 의미하나요
'물메훈장집'이라는 택호가 자랑스러워 어머니를 닦달하시던
아버지의 핏속을 점령하던 나주 김
비가 먼저냐 구름이 먼저냐 갑론을박하던
외삼촌과의 논쟁을 멀리하고 싶었어요

아버지를 버리고 올 때
다락 위에 모셔놓았던 족보를 확인하고
호적등본을 훔쳐 나왔지요
끝내 확인하고 싶은 곳

아버지가 시작한 약속 제가 끝내고 싶었지요
뿌리에 뿌리는 건재했어요
연천군 장남면 성거산 18번지*
능 입구는 굴러다니는 낙엽으로 가득하고

철조망 너머가 바로 지뢰밭이래요
아버지 가슴에 새겨졌던 또 다른 상처
현대사가 위태하다는 것을 보여주고 있었어요

아버지
넙죽 고두례叩頭禮 올리는 제가 보이나요
참으로 오래 걸렸어요 그러나
나라를 고려에게 맡기고 받았던 작위를
무혈이라는 이름으로 이해해야 한다면
둘째 아들까지 가는 길은 아직도 멀었어요

기다리세요 아버지

*경기도 연천군 장남면 성거산 18번지: 신라 경순왕릉이 있는 곳

배롱나무의 일기장

허리를 비틀고 거울 앞에 앉아 자화상을 그렸다
자꾸 이지러지는 등뼈와 잦은 붓질을 삼키는 팔은
달이 닿는 골목까지 자랐다
등뼈보다 길어진 팔을 들고
달의 안쪽을 만졌다
달보다 먼저 흔들리는 배롱나무 위의 붉은 지전들

흑백필름 속에서 자라던 기도는 깨어져
정화수 그릇 속으로 숨어들고
어머니는 달을 베고 누워 오래된 꿈을 꾸었다

다락에서 다홍치마를 훔쳐내어
툭툭 불거지는 배롱나무의 관절을 가렸다
치마 끝이 닿자 입을 달싹이며 단내를 뿜는 배롱나무
페이지를 넘기며 뜨거워지는 몸
백 일 동안 손톱 위에 새겨진 달이 되었다

고분 다리*에서 배롱나무에 걸었던 옷을 뒤집어쓰면
물은 불이 되고 불은 꽃이 되는 지문이 닳도록 지나온 길
배롱나무 끝에 납작 엎드려 여러 갈래로 가위질했다

*고분 다리: 제주시 조천에 있는 지명, 사람들이 놀랐을 때 고분 다리에 있는 배롱나무 아래서 넋 또는 치성을 드리는 곳

감씨의 배후

 구멍이 숭숭 뚫린 늙은 바위에 앉아 물장구를 치시는 어머니 달까지 기어갔다 돌아오는 밀물에서 새로 태어나는 물살을 주시하시네 눈을 가릴수록 투명해지는 바닷가 모래밭에서 작은 게들이 서로의 미래를 씻어주는 집게발을 바라보시네

 풋감을 따서 절구에 찧던 마당 구석 별들이 수런거리는 멍석에 둘러앉아 밤새 가위질을 해도 짧아지지 않는 달빛을 바라보시는 어머니 촘촘하게 박힌 밀가루 포대의 실밥을 뜯어내어 달과 함께 감물* 속으로 들어가시네 멍석 위로 행성의 빛이 느리게 스며들고 우린 감씨 속에서 아름다운 방학을 맞이하네

 밀물이 돌아오지 않는다 해도 파도 모서리에 밀어 넣었던 밤을 기억해야 하네 행려자의 눈빛이 되어 서로의 그림자에 지워지던 순간을 기억해야 하네 미래를 찾아 서로의 눈동자 속으로 날아들던 접히지 않는 나비의 날개를 기억해야 하네 감과 나비 서로의 연관성에 종지부를 찍지 않아도 되는 신앙 같은 계절을 찾아 나서야 하네

감씨 속에 숨어있던 어머니 가지런히 놓여있는 가매기숟가락*을 들고 더욱 뜨거워지는 여름을 파먹기 시작하시네 간간이 들리는 지구의 비명 미래가 사라진다는 감씨의 경고를 들으며 감나무의 서식지를 들고 기후 한계선을 찾아나서시네 남쪽으로 갈까 북쪽으로 갈까 푸른 바다가 있는 고향으로 갈까 하시다 사람과 사람 사이로 감꼭지를 끌고 가시네

  바위에 앉아 물살의 뺨을 만지다 늙어버린 어머니 먼 날을 향해 입김 대신 젖은 숨비소리를 뱉어내시네

*감물: 풋감을 찧어 만든 물
*가매기숟가락: 풋감을 찧으면 속에 있는 숟가락 모양의 감씨

2부
왜 아픈 동백이야?

동백에 묻다
-4.3

시간의 무게를 이기지 못했다

난 떨어질 거야
바람의 무릎 아래로
보름 동안만 지켜줘
마지막 춤은 달빛 속도로 추고 싶어
심장을 가로질러야 닿을 수 있는
난 오감을 가진 꽃이야

카멜리아 카멜리아 이름을 불러도 대답 없는
꽃은 선흘리* 동백 숲에서 저 혼자 피었다 가고
눈물을 들키지 않으려 비 오는 날 울었다
꽃 위에 앉은 빗방울들 어둠으로 가득했다

꽃잎으로 뒤쪽을 가리려는 음모는
아직 발설하지 못한 어둠이었나 보다
찢어진 꽃잎에 대해서만 기억하지 못하는 징후는
떨어져서도 보름 동안 눈 빤히 뜨고 싶다는 것
화석이 되기 전 그 꽃잎을 관통하고 싶다는 것

이미 결론지어진 흉터를 인양하듯
　하루에 한 번씩 뜬소문을 받아 쌓았다
　벌거벗은 소문들이 몸을 섞으며 오름이 되었다
　소문의 근거를 찾아 다시 입술을 부풀리는 오름
　중심은 탄환이 박힌 자리에서 고딕체로 깊어지고
　죽창 자국을 끌어안고 던진 주변부의 질문들은 퍼렇게
왜곡되었다

　만약이라는 말에 등을 대고 다시 동백꽃을 피운다면
　꽃잎은 상처 위에 시간을 바르고 생살을 밀어 올릴 것
이다

　오늘보다 늦게 태어난 아이들이 오름을 배경으로 다시
동백을 심는다

*선흘리: 제주시에 있는 마을 이름

상징에 대한 예의
—4.3

 19470301이라고 쓰고 북국민학교* 운동장에서 곪아 터진 상처라고 읽었다
 1948040319540921 사이에는 통째로 지워진 이름들이 즐비했다
 각각의 속도를 지닌 채 빛을 삼킨 이름들
 가매기모른식께* 앞에서 어둠으로 만났다

 촉수 낮은 별들이 차가워진 기억의 골목으로 들어서면
 세화의 다랑쉬굴*, 와흘의 물터진골*, 정방폭포의 소낭머리*, 북촌의 너분숭이*등에서 사라진 이들의 안부를 묻는 일은
 꽃으로 제단을 만드는 일
 무릎 꿇고 제단 앞에 꽃으로 서는 일

 사라진 우뜨리가름*에는 이름 모를 꽃들이 피고 지고
 산굼부리 어욱꽃*은 안개를 피워 올리며 제 울음소리를 들어야 했다

 저녁이면 동생들을 업고 끌며 우뜨리*로 오르고 새벽이면 와산리* 빈 밭을 헤집어 얼굴에 흙을 바르고 고구마 파

먹던 얼굴을 만들어 하골*까지 내려오던 열세 살의 시간은 낡아 있었다

  바다는 해안가 마을 앞에 엎드려 오래전의 상처를 허옇게 게워냈다
  파도 속을 들여다보면 죽은 자들의 노래가 적혀있고
  사월의 빗속을 들여다보면 산 자들의 눈물이 고여 출렁거렸다

  사월에는 동백꽃이 진다
  지는 동백꽃잎을 들여다보면
  빈 젖 물고 놓지 못하는 아이처럼
  혈육의 피에 새겨진 상처를 끌어안고
  눈 부릅뜨고 건너온 구순의 어머니
  70여 년 동안 닦아온 시간의 제단 위에
  동백꽃을 올린다

*북국민학교 : 4.3의 시발점이 된 당시의 초등학교 이름
*가매기모른식께 : 까마귀 모르는 제사를 이르는 제주어

*다랑쉬굴 : 4.3 당시 피해를 입었던 제주의 지명
*물터진골 : 4.3 당시 피해를 입었던 제주의 지명
*소낭머리 : 4.3 당시 피해를 입었던 제주의 지명
*너분숭이 : 4.3 당시 피해를 입었던 제주의 지명
*우뜨리가름 : 중산간 마을을 이르는 제주어
*우뜨리 : 중산간을 이르는 제주어
*어욱꽃 : 억새꽃
*와산리 : 제주에 있는 마을 이름
*하골 : 조천에 있는 동네 이름

왜 아픈 동백이야?

사그락사그락 눈 소리 너머에서 보내온
선흘* 지경에서 찍었다는 동백꽃 사진
동생은 나무에 핀 꽃이 예뻐서 피사체로 찍었고
받아본 나는 떨어진 꽃잎에 포커스를 맞췄다
"아 아픈 동백이구나"라고 문자를 보냈고
"언니 왜 아픈 동백이야"라는 동생의 질문에
선뜻 대답해 주지 못했다

누이에게 가갸거겨를 남겨주고 돌담을 넘었던
외삼촌의 영혼이 꽃이 된 얘기는 더욱 하지 못했다

포승줄에 묶여 돌아온 외삼촌의 갈기갈기 찢어진 생애는
삶과 죽음의 경계에 할아버지와 할머니를 세워 놓았다는
따따따따따 따발총 소리에
혈흔은 나무 위에 흩뿌려지고
혈흔을 맞은 나무는 모두 동백이 되었다는

달마저 눈감은 밤 거적때기로 끌어안아
날마다 드나들던 선흘 밭 귀퉁이에
봉분 없는 묘를 만들었다는 할아버지의 얘기를

동생에게 들려주어야 하나

　　나무 아래 떨어져 눈 빤히 뜨고 기다렸을 동백의 시간은 아직도 끝나지 않았고
　　어머니는 오라비가 남겨준 가갸거겨로 천수경을 새겨 제단을 만들고
　　우리는 제단에 둘러앉아 외삼촌의 목숨을 나누어 먹으며
　　동백의 역사 속으로 들어간다

*선흘: 제주시 조천에 있는 지명

현무암의 기억
― 4.3

  해석되지 않는 주문呪文은 많았다
  심장에서 제일 먼 거리에 주저앉아있는 돌에 주문을 새긴다
  새길수록 비워지는 명사들
  늙은 전설은 1인칭이나 2인칭 주어가 사라지고
  3인칭에서 시작되는 문장이 되었다

  역사 앞에서 바다는 흰나비를 날린다
  한 마리 두 마리 열 마리 천 마리 아니 수만 마리
  바다는 흰나비로 완벽하게 채색되었다
  그러나 희게 보인다고 믿었던 오류
  바다와 섬 사이에는 뒤집혀진 나비의 어둠이 있었다
  우린 어둠 속에서 너무 많은 것을 봤으므로 눈을 감아야 했다
  너무 많은 것을 들었으므로 침묵해야 했다
  현무암 구멍마다 깨어진 이름들을 숨겨 놓고 돌아서던 밤
  우린 가위눌린 채 아무 짓도 할 수 없었다

  저 혼자 표류하는 증표의 눈먼 문장 몇 마디 건지려고 할머니는 열두 폭 무명천을 찢으며 휘적휘적 걸어 나간다 마

을 끝에 엎드려 울고 있는 바다를 달래는 일은 처음부터 우리의 몫이었다 역사 앞에서 빗장 걸린 파도는 목젖이 부풀어 오르도록 울었다 흔들리는 바람의 뼈를 도려내어 보름코지의 빈 하늘에 걸어도 보았다 그러나 멈춰지지 않는 질문들 새벽하늘 가로지르는 유성우를 보며 오래전에 보았던 죽창의 모습을 그려 보았다

  제 뼈를 떠메고 가는 바람이 현무암의 배꼽에 제 울음을 음각으로 새긴다 기억보다 먼저 사라지는 이름들과 해마다 걸려 넘어지던 진실을 현무암의 배꼽에서 찾는다 처음부터 비망록의 일련번호는 없었던 것일까 3만*이라는 숫자를 삼킨 하늘은 오늘도 하얗게 질려 있다

  오래된 깃발을 안고 돌아온 구름이 빗다 만 문장의 밑을 닦는다
  제단 위에 정박했던 달빛 또한 시간의 빗장을 풀었다
  유폐되었던 마을과 돌아오는 사람들의 행간에 등이 켜진다
  우린 이제 희미해지는 등을 해석해야 할 차례인 것이다

*4·3 때 사망한 제주도민의 수 (당시 제주도의 인구수는 30만)

화면 밖에서 오래된 슬픔을 씹었다

늘 몸 안에 장전하고 다니는 바다
나에게 무기가 될까 그냥 바다일까

썰물이 되면 해안가로 가서 현무암을 끌어안았다
천 개의 자궁이라고 쓰고
아니 천 개의 구멍이라고 써서 이해도를 높일까
파도가 돌아오기를 기다렸다
아니 아버지의 시간을 기다렸다
달을 따라 돌아온 바다가 몸을 기울이고 제집인 양 현무암 구멍마다 담겼다

우린 경배의 구멍에서 태어났다
구멍은 집집마다 둘러진 돌담에도 있었다
돌담의 구멍을 무엇으로 채울까 하다
어릴 때 외우지 못한 현대사를 쌓았다

바람이 불어왔다
이건 수시로 일어나는 작은 일일 수도 있다
가끔은 집채만 한 바람에 아버지의 일부가 무너지기도 했다

이 또한 사건이라고 치부해도 될까

  돌담과 돌담 사이로 통과하는 바람은 그냥 두었다 넘어진 자리에서 일어나는 법을 배우지 못한 그림자가 어둠으로 흘러내렸다 우린 이의를 달지 않았다 엎질러진 슬픔에 집중하지 못하는 시간을 꺼내 들었다 관람하지 못한 역사책이 되고 있었다 구멍마다의 물은 넘어져 숫자화 되고 있었다 흥건해진 슬픔을 몇 사람의 눈물로 건널 수 있을까

  기억에서 사라지는 것들이 하나둘 객관화되기 시작했다
  숫자에게 슬픔을 입힐 수는 없다
  신의 시간에 들어서지 못한 복수의 사건들이
  화면 밖에서 오래된 슬픔을 씹고 있다

재두루미

  가훈을 쓰다 남은 먹물을 풀어 낡은 두루마기를 적셨다
  삶을수록 희어지던 두루마기가 재색 두루마기로 태어난 것이다
  부족한 먹물을 탓해본다

  흑백 논리 쟁점마다 완장을 쫒아 제일 앞줄에 서던 사내
  오늘은 흑과 백의 경계를 넘나들며 신작로를 걷고 있다
  재색 두루마기를 입고 걷고 있다

  서러워서 회초리를 들던 아버지의 시대와
  억울해서 울지 않는 아들 사이에 만들어진 논리의 벽
  부딪칠 때마다 주장하는 일보다 뒤로 밀리는 일이 많아지며
  타의적 회색분자가 되어버린 사내

   재색 두루마기 자락을 휘날리며 신작로를 걸어오시던 아버지의 걸음걸이를 닮은 재두루미 저도 흑백 논리의 꼬리를 끊어버리고 싶은지 이념이 무성하던 철원 평야가 비워지면 식솔들을 데리고 찾아와 어깨에 리듬을 싣는다 잊어버렸던 족보가 생각이 나는지 가끔씩 먼 하늘에 눈을 두

고 두루루 두루루 역사에 묻혀버린 이름들을 부르며 논두렁을 넘고 또 넘는다

그러니까 민주

도시의 구석진 곳 또는
빌딩 뒤 음지에서도 풀이 자란다면
그건 얼굴 없이 이름만 있는
제도에 갇혀 사느라
누추해진 누군가의 발자국들이다

그러니까 민주란
숲에서 겨우내 제 그림자를 키우는 나무가 아니라
제 이름을 달고 정원에 뿌리내린 꽃이 아니라

겨울을 견뎌낸 풀들이 땅을 뚫고 나오는 함성이다
이름 없는 풀들이 서로에게 내미는 손이다

그러니까 민주는
비 온 뒤 생명 있는 것들이 모두 일어서서
제 목소리로 말을 거는 봄의 들판이다

노을은 또 다른 시작으로 가는 길목
−매향리*

  하루를 접으며 서서히 장밋빛을 닮아가는 마을을 안다

  그 마을은 한 소녀가 포탄에 물을 주는 그라피티 그림으로 시작되었다
  계속 물을 주는 소녀
  계속 그 물을 받아먹으며 자라는 포탄
  언젠가 꽃이 터진다는 믿음으로 소녀가 자란다면
  이건 우리의 바람일지도 모른다 모두 상처투성이므로

  어둠까지 멈추게 했던 굉음의 시간과 탄피가 뱉어내는 공포로 기도를 채우던 시절 탄피를 주어다 양동이를 만들어 물을 긷고 시루를 만들어 콩나물을 기르고 탄피를 팔아서 학비를 마련해 보지만 늘 힘의 집결지는 다른 곳에 있었다

  탄피 하나에 부호 하나씩 묶여 역사를 증명하는 목숨 줄이 쌓이면
  새가 되거나
  나비가 되거나
  상어가 되거나

심지어 마을 한 가운데 푸줏간 속
　고깃덩이가 되어 피비린내를 흘리는
　우울은 계속되었다

　살아 있는 섬에 가고 싶어 살아있는 바닷속으로 허우적대지만
　포탄 하나 터지면 갯벌에 저수지 하나 만들고 떠나버리는 바다는 말이 없다

　투명한 공포를 주워 온 아이의 손에서
　피와 쇠는 같은 속도로 분자화粉刺化 되고
　이건 누군가의 개입이라고 말해도 되는 시점

　검붉은 피의 흔적들이 분자구조를 숨긴 채 침묵하고 있다
　쇠와 피의 속성은 한곳으로 모이면 난폭해지는
　쇠가 오래되면 제 속의 붉은 피를 꺼내어 견디고
　피는 시간을 삼키며 쇠 냄새로 자란다는

　소녀가 준 물을 받아먹은 탄피들 사이에서

민들레꽃이 피어난다면
　노을은 또 다른 시작으로 가는 길목이라고 명명해도 되는

　시간을 삼키며 자연으로 돌아가는 훈련에 익숙해졌지만
　버리지 못해 무성하게 자라던 영혼
　신 옆에서 삭아가고 있다

*매향리: 경기도 화성시 우정읍에 있는 지명

그 골목의 책장 풍경
― 이태원

책상에 꽂혀있는 책들을 숨 막히게 바라본다
풍경이란 말은 어디에서나 아름다울 수 있는 말일까

"누나 팔 뻗어봐 앉을 수 있을지도 몰라" 이 시간 간절한 건 누나를 눕게 하는 일이다 책 속에서 헤매던 지난 시간들이 이 가을을 향해 달려왔나를 묻는다 질문이 지나치는 빌딩 루프탑에는 떨어지지 않는 별들만 쌓이고 대로변에 서 있는 은행나무는 드론적 시각을 가졌다

떨어져 포개지는 은행잎을 보자 대지를 덮는 욕이 하고 싶어졌다
발설하지 못하는 통증을 가슴으로 밀어내다 지워지는 이름들
나무 아래 누워 바라보면 나뭇가지는 구름을 잘라내어 백기를 들고 있다
도시에서 흔드는 백기는 불빛에 치이고 비명은 비명에 묻혔다
하늘을 올려다보는 순간 고요하다고 믿는 착각을 했다
드론적 시각이 주는 오류니까

입속에 물고기가 살고 있다는 누나의 얘기는 가을 바다를 보고 싶다는 얘기였다 "누나 눈감지 마 바다 보러가자 바다 속에는 우리가 모르는 미래가 있을지 몰라 파도를 타고 미래까지 가보자 난 아직 파도를 타본 적이 없어 누나 눈감지 마 눈 감으면 우리는 벌써 미래에 와 있을지도 몰라 그러니까 눈감지 마 물고기는 잠을 잘 때도 눈을 떠서 잠을 잔대 영원히 바다를 볼 수 없을까 봐 누나 눈 떠"

 한동안 책장에 꽂혀있는 책처럼 서 있었다 촘촘히 꽂혀있는 책을 몇 권 빼서 숨통을 열어주자 책 한 권이 스르르 눕는다 따라서 두 권 세 권……
 이름을 지우고
 얼굴을 지우고
 미래의 시간을 지우고

 누군가 보내오는 전화벨 소리를 듣기에는 목숨은 너무 멀리에 있었다

11월의 폭설

주말이면
주장 같은 옷깃을 세우고
기도 같은 목도리를 두르고
아무것이나 잡지 않으려 장갑을 끼고
가방 귀퉁이에 목을 적실 물 한 병 집어넣고
누군가에게도 밀려나지 않으려
신발 끈을 다시 묶고
광화문으로 향하는

한강 철교를 넘을 때마다 보았던 물살은
여전히 푸르게 일어서며 흐르는데

제발 7년 전처럼 아니 7년 후에는
같은 기원하지 않게 해달라고 비는 마음을 아는지
느닷없이 따라나서는 기도 같은 폭설
침묵의 발목이 푹푹 빠진다

3부
활자의 정원

게틀레기*의 고해성사

　고향 바다에는 몸에 맞는 집을 갖기 위해 100번이나 이사를 한다는, 조금 더 큰 소라껍질을 찾아 내장을 내놓고 바닥을 기는 게틀레기가 살지요 게틀레기에게 소라껍질을 바꾼다는 것은 목숨을 담보로 평수를 늘인다는 것 게틀레기는 사는 동안 몇 번이나 목숨을 내놓았을까

　현저동* 단칸방 툇마루 밑 겨울밤을 삼키고 열을 토해놓는 연탄 화덕 우린 그 열에 기대어 목구멍으로 밥을 넘기고 계절을 넘겼지요 바람이 밤새 토해놓은 성애가 벼랑 밖에 붙어있을 때 우린 시베리아에서 온 칼바람의 온도를 관람하다 지문이 찢어지곤 했지요 툇마루 옆구리에 놓은 사과 궤짝 안 밥그릇과 국그릇은 자본주의 앞에 납작 엎드려 있고 문기둥에 박힌 못에는 양은 냄비와 꿈을 걸어놓았지요 냄비를 내릴 때마다 손에 달라붙는 냉기 대신 가난에 화상을 입던 시절 그때는 그랬지요

　구공탄은 하얘질 때까지 제 몸을 태우며 이산화탄소를 뱉어냈고 금 간 방바닥에서 새어 나오는 연탄가스를 몸으로 막다 동치미 국물과 바꿔 먹기도 했던 시절 하얀 연탄재를 부수어 얼어버린 길바닥에 뿌리며 희망이 미끄러져 맨

바닥으로 내동댕이쳐지는 슬픔을 막고 싶었지요

  누우면 머리도 발끝도 닿는 방의 폭과 길이 시골에서 올라온 동생들을 차례로 눕혀놓고 영천*시장 어물전에서 본 어름 깐 상자 위 등 굽은 새우가 되는 풍경을 눈물 대신 웃음으로 넘기던 시절 그때는 그랬지요

  문기둥에 걸려있던 냄비를 내리다가 손에 달라붙는 냉기를 내동댕이치며 우는 아침 연탄 화덕을 끌어내면 간당간당 붙어있는 불씨를 위해 번개탄을 구하러 구멍가게 문을 두드리던 새벽 번개탄이 끌어 올린 불에 냄비 밥을 안치지만 가장은 빈속을 버스에 매달아 출근해야 했던, 그래도 퇴근해서 가족이 모이면 다시 하하 호호 그때는 그랬지요

  마루가 있는 집이면 좋겠다 마루에 연탄난로를 설치할 수 있는 집이면 더 좋겠다 함석 연통을 달고 연통 고정시킨 줄에는 양말을 걸어 말리고 난로 위 커다란 주전자에 보리차와 옥수수차를 번갈아 물을 끓이고 가끔씩 고구마를 구워 호호 불어먹으며 삶이 고구마처럼 따뜻해지길 꿈꾸던 시절 그때는 그랬지요

  반지하 보일러실 연탄보일러는 6개의 구공탄을 품어 밤

새 돌아가고 보일러실 구석에 천 장의 연탄을 재워놓으면 부자가 따로 없고 물을 데워 2층까지 올리고 수도꼭지를 틀면 따뜻한 물이 펑펑 나오는 그런 집을 꿈꾸던 시절 그때는 그랬지요

살림 좀 나아지셨습니까라는 공약보다 갈비탕 한 그릇에 끌려 투표장으로 가는 발걸음 대신 벽에 붙어있는 벽보를 떼어다 방 귀퉁이에 붙이고 평수를 늘리고 싶었던 시절 연탄보일러에서 기름보일러로 바꾸고 천 장의 연탄 대신 주유차를 불러 탱크에 기름을 채우는 옆집을 보며 상대적 가난이 눈물의 항로를 만든다는 것을 처음 알았던 시절 허리띠 졸라매고 소금보다 짠 눈물을 딛고 일어선 무릎 위 전기 스위치를 보며 이제 스위치 하나로 조정되는 삶 행복한가를 묻지요

매일 출근하며 지나다니던 b 역의 b 아파트로 바꾸고 싶어 은행 문을 넘다 이자에 걸려 넘어진 적이 있다는 것을 기억하지만 아직도 역 가까운 곳에서 조금 더 큰 소라껍질을 넘보는 나는 게틀레기인거지요

*게틀레기 : 소라게를 이르는 제주어
*현저동 : 서울시 서대문구에 있는 동 이름

깨어진 봄의 행로

  밤새 자란 그리움의 질량을 마당에 부려놓는다
  깨어난 순간부터 기울어지는 아침 전지적 시점에서 관람하였다
  아침 해는 엿 같은 귀를 뭉텅뭉텅 잘라내며 빌딩 뒤로 숨어들고
  해의 시간을 붙잡으려 손을 내밀어 보지만 잡히는 건 옆동네 이야기

  구부러진 골목을 따라 그리움의 조감도를 숨겨 놓았던 동네
  아랫말 윗말이 전체를 갈아엎었다는 뉴스가 무성해지면
  시멘트로 무장한 뿌리는 한순간 고층아파트로 자라며
  고공 행진하는 이름하여
  국적 없는 이름인 타운 하우스 또는 빌리지가 되었다

  아무에게도 열어주지 않던 종갓집 선산先山은 사라지고
  피의 뿌리들의 슬픈 공회전만 산 중턱에 안개로 걸려 있다
  생존의 피가 말라버린 숲에는 호객 행위의 문구가 펄럭이고

몇 그루의 나무는 새들이 앉는 대신
꼬마전구를 전신에 감고 대지의 침묵에 갇혀있다
허구를 경작하며 만들어진 허공의 난간은
오랫동안 마주할 바벨탑을 예고했다

마천루에는 제 기억을 열어볼 수 없는 구름이 기어다니고
외로움을 발화시키는 지점이 종갓집 벽 앞이라는 걸 보여주며
죄의 그늘은 미래를 향해 무릎을 꿇고 있다

언제부터 시작된 밀약일까
화학기호로 만들어진 발목의 성장판은
신을 향해 기어오르고
적의를 품은 침묵은 마음 깊숙이 두어도 되는 걸까
대답 대신 대지는 봄을 향해 거짓 입술을 내밀었다

아무것도 기억하지 못하는 블랙홀을 하나씩 숨기고 있는 봄
저녁별이 둠벙에 몸을 투척할 때까지 기다리고 싶었지만

너무 멀어 거짓말을 감추고 그냥 하늘에 매달려 있기로
했다

 이름표를 달아주고 싶은 빈터에 사과나무 한 그루를 심
으면
 별들은 고향을 찾아갈 수 있을까

 깨어진 봄 어디에다 두면
 변방에서 들어 올린 언어들이 새살로 채워질 수 있을까

신 흥청망청 ^{新興淸亡淸}

  살아서는 경회루요
  죽어서는 화개산*이라

  구중궁궐 속 경회루 가운데 만세산을 만들어 월궁^{月宮}을 짓고 연못에는 용주를 띄워 채색 비단의 운평을 불러들여 흥청이란 꽃을 만들며 명을 재촉했다는데 그리하여 우리가 사는 동안 경계해야 할 사자성어 흥청망청이 만들어졌다는데

  한양에서 소달구지 타고 덜컹거리며 건넌 섬에서 다시 바다를 건너 섬 가운데 위리안치되었다는 건 돌아갈 발자국을 지우고 갇혀서 갇혀서 날마다 구름 앞에 엎드려 바람의 삶을 배우고 죄를 닦으라는 것이었을까

  강화해협을 건너면 강화도 다시 바다를 건너면 교동도
  파도의 기척은 진부해져가고
  고구저수지*의 물빛에 비춰보던 죄의 뿌리를 찾아
  소로를 걸어 들어간 화개산의 모서리
  위리안치되어 있는 유배지의 담장에서
  탱자나무 가시에 걸려있는 저문 영혼을 보았었는데

건너야 할 뱃길은 지워져 다리로 이어지고 소달구지 타고 갔던 길은 사라져 번듯하게 포장된 길 연산군 유배지를 산 중턱에 올려놓고 죽어서도 화개산에 누워 기기묘묘한 세계의 꽃들 불러들여 꽃 잔치로 흥청거리는 타인의 의도를 훔쳐보네

  살아서는 경회루의 홍청이 병풍이더니
  죽어서는 화개산의 꽃들이 병풍이로구나

  돌고 돌아 병풍이 문제가 되는 상황을 오늘은 돈을 내고 관람하네

*화개산: 강화군 교동도에 있는 산
*고구저수지: 강화군 교동도에 있는 저수지

칼로*의 골목

 그곳을 프리다 칼로의 골목이라고 명명한 뒤에야 너의 이마에서 자라는 새의 날개를 거두어들였다. 그러나 만질수록 뜨거워지는 새의 언어는 아침마다 사랑을 노래했다

 공중정원에 살고 있는 또 다른 너를 들여다보다 광선을 따라다니는 다육이 식물 쪽으로 눈을 돌렸고 점점 길어지는 팔을 들어 허공을 휘저었다 화선지로 옮겨진 또 하나의 주문

 척추에서 만져지는 슬픔이 안개를 닮아 골목 안쪽으로 흩어졌으면 좋겠다며 심장이 뜨거워지면 갈비뼈 하나를 떼어내어 골목의 제일 안쪽 어둠의 바탕 위에 심었다 자랄수록 원죄에 가까워지는 뼈의 뿌리

 더디 자라는 맹세를 해가 잘 드는 창가로 옮겨 심고 한 사람을 향하게 만들었다 동물성과 식물성의 충돌로 화학구조가 바뀐 몸 그때부터 옷을 껴입는 버릇 생긴 것일까

 사고*로 만들어진 철로를 몸 안에 심고 그가 지나가길 기다렸다

몸보다 기적이 먼저 울었다

수많은 처음을 지우며 만들어진 경배의 길목을 배경 삼아
별이 뜨는
나비가 나는
음악이 흐르는
초현실의 광장에 이념의 깃발을 세웠다

초현실에 찔린 현실이 아프다며 산자의 빈자리에 때 묻은 이름 대신 유마경*의 구절을 새겼다 현실을 위로하는 초현실에 기댄 슬픈 자화상

객관의 빈터에 뭉그러져 가는 갈비뼈의 통증과
깃발을 지탱하다 찢어진 회전근을 심어놓고 돌아 나왔다

버려졌던 골목 하나 이제
일 년 뒤에 찾아가서 뒤집어 보고 싶은 골목이 되는 것이다

*프리다 칼로: 멕시코 출신의 화가이며 1970년대 페미니즘 운동가 자기 죽음을 예견하고 마지막 일기에 "이 외출이 행복하기를 그리고 다시 돌아오지 않기를…."이라는 글을 남김.
*사고: 1944년에 칼로가 그린 부서진 기둥
*유마경: 문수보살과 유마힐의 이루어진 대담 중 일부로"모든 중생들이 병에 걸려있으므로 나도 병들었습니다. 만약 모든 중생들의 병이 나으면 그때 내 병도 나을 것이라"라는 내용

활자의 정원

  불모의 몽상에서 생성되는 꿈 최초의 언어는 심장에서 자랐다 본능의 골목이라는 감각에서 빠져나와 광속을 삼키는 활자들 옹이로 부풀어 오르며 자판기를 모독하던 하얀 시대의 하얀 종이 위를 걷는다 달의 치마폭에서 양육되던 언어는 새벽별의 뼈대가 되었다

  일생동안 연필을 밟으며 올랐던 꼭짓점에서 시작되는 소실점 몽당연필 안에는 세우고자 했던 세계가 펼쳐져 있고 그러니까 나에게 몽당연필은 부리로 책장을 넘기는 새였고 어항의 밑바닥에 쌓여있는 붕어의 말이었다 새의 날개에 묻어있는 슬픔을 넘어서거나 붕어의 그리움으로 그어 놓은 감정의 등고선을 따라 회귀하는 문장을 따라 어항 속에서 출렁이는 고요를 그리는 것이 수사학일까 은유를 찾아야 한다면 쫭이그물을 던지는 순간 펼쳐지며 차르르 떨어지는 소리로 인식해야 하는 인다라망因陀羅網이 펼쳐지고 있다

  슬픔에 부딪힐 때마다 입소문을 통과해야 하는 쓸쓸한 뒷모습을 지닌 언어의 서식지 뒤돌아보지 못한 세상이 옹이 아래 흥건하다

기울어진 감정의 요철에 어떤 쐐기를 박으면 감정의 마그마에서 시작되는 불의 고리가 될까 서로 깍지 끼고 있으면 전류가 흐르는 꽃이 될까 서로의 등을 대고 서 있으면 북위 90에서 만들어지는 눈물 조각이 될까

 쓰다 버린 활자들을 모아 무엇을 만들어야 한다면 핏빛을 머금은 시 한 편이면 족한데 귀퉁이가 깨진 모음은 어떤 모습일까 웃자란 자음으로 다리를 놓을 수 있는 문장은 무엇이 있을까 달의 반쪽을 가져야 한다면 모순이 자라는 심장에 언어의 씨앗을 심고 체온을 훔치고 싶다

 나는 요즘 여행의 종착지인 섬망譫妄이라는 허기에 매달려 같은 말을 되풀이하고 있는지도 모른다

물이 꽃이 되다

물어물어 찾아간 돈네코의 원앙폭포*에서
물이 꽃이 되는 순간을 보았다

살바도르 달리*의 붓질을 따라 굽이굽이
계곡을 끌어안으며 흐르는 물길
여울을 만나면 서로에게 손을 내밀어 깍지를 끼고
물살에 거슬리지 않는 법을 배우고
벼랑 앞에 섰을 땐 새끼손가락 걸고
나란히 투신하는 원앙 한 쌍

사랑은 마주 서서 서로를 바라보는 것이 아니라
나란히 서서 한 곳을 바라보는 것
절벽 끝에 섰을 땐 한 곳을 바라보며 함께 추락하는 것

물이 꽃이 되는 순간을 보았다
물이 원앙이 되는 순간을 보았다
결국 물의 투신은 살아있는 물의 화법이었다

*돈네코의 원앙폭포: 서귀포시에 있는 폭포
*살바도르 달리: 20세기 스페인의 초현실주의 화가

세 겹, 또는 여자

물의 바깥쪽을 이름 지어야 한다면
파도라고 쓰고 거친 기지개를 키울 것이다
출렁거리는 물렁뼈가 흔적 없이 지워지길 바랄 것이다

모서리를 낳고 모서리에 둥지 튼
모서리와 모래바람을 맞바꾸며 개구리헤엄 치는
조류潮流를 따라 알을 슬어내던 여자를 찾을 것이다

섬을 품고 있던 사빈沙濱이 잘려 나가도록
바다의 지문은 해안가로 뒷걸음칠 것이다
몰래 낳아서 버린 섬은 여자의 환지통幻肢痛이었다

다락에 숨겨 넣었던 12폭 치마를 찾으려다
불에 달군 인두를 밟았다
뜨거워진 몸판에 말굽 문장紋章이 찍히고
빗장을 벗기지 못한 다락에 갇힌 여자

부뚜막 위에서 말랑거리는 여자
허리띠 졸라매고 마을 어귀를 돌다
빈 둥지를 만나면 다시 시간을 슬어 넣고

세 번째 지느러미를 낳았지만
여전히 시간은 여자의 편이 아니었다

일식, 또는 그물망^{stent*}

 지구 밖으로 던진 부메랑은 돌아오지 않았다 통째로 멍든 섬 뒤에서 내장 깨지는 소리가 들렸다 "야금야금 나를 삼키는 너를 그냥 둘 수 없어"라며 밤마다 머리채를 잡고 방구석을 돌았다네 발로 기어다니던 몸을 길게 찢어내어 여러 갈래의 길을 만들었다 삐걱거리는 지구 뒤에서 술래가 되었다

 병목현상으로 어두워진 길 구멍 세 개가 푸시시 거렸다 배꼽에 수리 중이라는 팻말을 걸고 손등을 뒤집었다 어떤 주문을 걸면 혈관 끝에 서 있는 뼈를 잠재울 수 있을까 늙은 사타구니에 동굴을 뚫었다 될 수 있는 한 깊이 빨대를 삽입해야 했다 허리를 굽히고 동굴로 걸어 들어가 입에 대고 빨기 시작했다 빨대를 통해 들어 온 백두, 지리, 한라는 알몸으로 혀 아래 누었다

 좁아진 통로에 풍선 아트방을 설치했다 그물망^{stent*}이 삐걱거리며 혼자 부풀어 올랐다 아치형 문이 삐걱거릴 때마다 토막 난 풍선은 별이 되고, 달이 되고, 꽃이 되기도 했다

술래잡기하다 떨어뜨려 조각 난 화면을 손끝으로 눌렀다 피가 돌고 굳게 닫혀 있던 문이 열렸다 밖으로 돌아나가라는 팻말을 내리고 나온 동굴 밖은 우주였다 누구의 발자국도 찍혀 있지 않았다 단층에 새겨진 낡은 지문들을 잡아당겼다

　이제 달의 뒤편을 볼 수 있을까

*그물망stent : 관상동맥 치료법의 하나로 심장혈관에 스텐트를 삽입하여 혈관을 넓히는 방법

전설과 토산뱀[*]

  초승달 속엔 낫 놓고 기역 자도 모르던 할머니가 산다 전설 속으로 손톱을 집어넣고 달이 뱉어낸 토막말을 받아먹는다 손톱에 다시 초승달이 떠오르면 달의 계곡을 타고 흐르는 바람 소리 할머니의 전생에 갇힌 악보가 되었다

  악보를 열면 이른 저녁 휘파람 소리를 듣고 기어 나온다는 토산 뱀은 할머니의 전설이었다 면사포를 쓰고 먼문[*]으로 들어설 때 앞서 들어서는 귀 달린 뱀을 놓쳐버린 할머니 시집와서 제일 먼저 한 일은 고팡[*]에서 항아리 뚜껑을 뒤집어서 제단을 만드는 일이었다 달이 뜨면 제단 앞에 닳아 버린 두 손을 받치는 일이었다

  아랫목에 누워있는 할머니 등뼈 아래로 손을 넣어 남은 시간을 가늠해 보았다 허리를 뒤틀며 칭칭 감겨오는 시간을 놓아 버리지 못하고 전설로 되돌아가는 중이었다

*토산뱀: 제주 토산마을의 뱀신앙에 나오는 귀가 달린 뱀을 일컬음
*먼문: 대문 밖에 있는 또 하나의 문을 일컬음
*고팡: 창고를 이르는 제주어

접혀진 아래아

윗입술과 아랫입술 모으고 동굴을 만들어 봐요
동굴 안쪽에 살고 있는 아래아로 만들어진 말들을 꺼내어
혀끝으로 녹여 봐요
오래된 타향살이에도 입안에서 또렷해지면서 굴러다니는
모살*, 보롬코지*, 골갱이*, 골채*도 있지만
동사에 방점을 찍는
고람수다*, 혼저옵써*, 조끄트레옵서*, 몽캐지맙써*, 강방왕골라* 등
가슴 안쪽으로 휘어지는 말들이 있지요
바람 끝에 서 있는 당신에게 닿으려면
마음에서 마음까지 혀를 동그랗게 말고
바람을 건너야 하는 말들 있지요

울음소리 하나로 이승과 저승의 경계를 넘나드는 까마귀도
제주에서는 까옥까옥 입술을 모으고 울지요

푸른 물살이 가슴으로 흘러드는 계절

외방으로 나갔던 피붙이들도 하나둘
가슴 안쪽으로 찾아드는 시간
굴뚝에서 연기가 피어오르면
멀리 나가지 말라며 골목을 채웠던
어머니의 둥근 목소리가 그리워 발자국을 뒤집어 보면
멀리 나갈수록 더욱 깊이 뿌리 내리는 고향의 혀

가슴 앞에서 무너지는 말
가슴으로 막아내지 못하는 말
골목을 채우던 아래아가 그리워
숨죽여 어머니를 부르는 목소리가 젖어있지요

  해 질 무렵 익명의 도시에서 발목에 걸린 시간을 다독이며
  어머니에게 마음을 보내기 위해 입술을 오므리고 바람을 키우지요

*모살: 모래를 이르는 제주어
*보롬코지: 바람이 부는 모서리 진 곳을 이르는 제주어

*골갱이: 호미를 이르는 제주어
*골채: 삼태기를 이르는 제주어
*고람수다: 지금 말하고 있다는 제주어
*혼저옵써: 빨리오시라는 제주어
*조끄트레옵서: 아주 가까이 곁으로 오라는 제주어
*몽캐지맙써: 늦장 부리지 말라는 제주어
*강방왕골라: 가서 보고 와서 얘기하라는 제주어

4부
서양등골나물

달개비꽃
— 제암리*

  제암리에서 본 10월의 하늘은 푸르러서 아프고 아파서
푸르른 달개비꽃의 얼굴을 닮았다

  1919년 어느 장날 교회 안 모서리에 갇혀 죽어간
  15살짜리 창백한 얼굴색이 떠올라
  그냥 누구든 안아서 함께 울고 싶었다

  이제는 가슴에 안아서 그리워해도 될 것 같아
  오래 안고 있으면 가슴이 청보라로 물들 것 같아
  그날의 영혼들이 모두 달개비꽃이 되었을 것 같아

  핏빛으로 서 있는 단풍나무 아래서
  달개비꽃 하늘을 올려다본다

  제 가족 제 동네 지키겠다는 생목숨들
  칼로 찌르고 총으로 쏴 죽이고
  그것도 모자라 예배당 안에 가두고 불태워 죽인
  만행 똑똑히 보아두라고
  불탄 예배당 터에 돌기둥 세워
  역사를 기억하는 눈이 되라고 만들어진 구멍을 통해

영혼을 걸어놓은 허공 대신 흘러가는 구름을 바라보다
구름 속에서 푸른 비명 소리 들리는 것 같아

핏빛으로 서 있는 단풍나무 아래서 하늘을 또 올려다
본다

명자꽃

명자야 숨어라
얼른 숨어라
머리카락 보일라
꼭꼭 숨어라
꽃 뒤에 숨지 말고
가시 뒤에 숨어라
단속반이 떴다
머리만 숨지 말고
발톱까지 숨어라

국경 넘을 때 지웠던 이름 대신
가슴에 품었던 명자열매만한 꿈 이루려
빌려 쓴 돈 비망록에 적어두고
밤낮없이 이 식당 저 주방 줄달음치던 몸
밑줄 그으며 지우던 빚

봄날은 가시에 걸려 넘어지고
남은 건 병든 몸뚱이 하나

잃어버렸던 이름을 찾으니

고향에 작은 집 한 칸 대신
명자꽃 가시에 걸려있는 밀입국자라는 이름표

아름다운 증표
― 꽃무릇

기어이 널 보고야 말았다
운문사 입구 소나무 숲
나무 사이로 스며든
실금 간 햇발을 딛고 선
토막 난 바람을 삼키고 흔들리는
그리움의 근황을 묻는다

파랗게 깎은 머리로 북 앞에 선 이국의 여승을 본다
흰 고무신을 신고 통곡 대신 북을 치는
산문의 경계를 넘으면서도 놓지 못해
심장이 덜그럭거렸을 그리움을 치는

가슴에 담아두면 심장이 뛰고
가슴에서 밀어내면 심장이 찢어지는
피를 토해내는 북소리

사랑에서 그리움을 깎아내면 뼈대만 남을까

한 사람을 향해 흐르다 깨어진 비밀
한 발짝도 나갈 수 없어

심장을 맴돌다 자작자작 잦아든 피
텅 비어 버린 뼈대 끝에 걸면
가혹酷의 색으로 피어나는

손과 손을 잡는 것이 사랑이라고 믿은 적 있다
입술과 입술 사이에서 귀를 주고받으며
하늘의 별에 입혔던 형용사를 얘기하고
미래의 시간 밖에서
의미가 다른 말귀 뒤로 넘길 때
손을 내미는 대신 가을을 기다려 달라고 했던
계절도 모르고 피었다 지는 꽃

범람하는 사랑 대신 살아있는 일이 죄가 되지 않게
안에서 자라던 촉수 통째로 밀고 나오는 시간의 접점
뜨거웠던 서로의 기척 새기고 싶어
눈곱만한 전류라도 남아있다면 떨어지라고
오롯하게 서 있는 뼈대 위에
몇 개의 휘어진 피뢰침을 세운다

꽃은 잎을 그리워하고

잎은 꽃을 그리워하다 죽는다는
가장 아름다운 증표를 지켜보는 계절

서양등골나물

총칼 없이 점령되었다는 산어귀
별빛이 내려온 듯
달빛이 부서진 듯
하얀 웃음 흘리는 꽃
등골이 빠져라 굽어본다
이름하여 서양등골나물이란다

그 이름 누가 붙였을까
애기똥풀꽃 개별꽃 달개비꽃 쇠서나물
등골을 빼 먹으며 지천이 하얀 꽃밭
해를 거듭할수록 영역을 넓힌다

선택적 해석이었을까
백의민족이 좋아한다는 하얀 꽃을 들고 온
그대에게 첫눈에 무장해제 되어
"기브 미 초콜릿"을 외치며 따라다니다
산 입구 공터에서 등골 보여준 적 있다

그대 떠나고 나
동네 어귀에 앉아 창백한 적 있다

그대를 기다리다 등골 빠진 적 있다
낮달이 되어 저렇게 부서진 적 있다

무혈입성無血入城하여 점령지가 된 산 입구 공터
전리품이 되어버린 토종의 등골에 빨대를 꽂고
순백의 찢어진 웃음을 흘리는 너를 본다

순비기나무

해독할 수 없는 주문呪文처럼 원근법이 사라진 바다는
마음이 짓무를 때까지 넓어서
우주와 같은 방식으로 사랑해야 한다면
달을 지배하는 또 다른 바다가 생겨날까

맹목적인 방향으로 번지는 시간의 그물
누구에게는 바람을 보내고
누구에게는 파도를 보내고
순비기나무에게는 숨비소리를 보냈다

숨비소리로 태어나는 바다에는 율법이 있다
누군가를 사랑한다는 것은
해안가 모래에 발목을 심으며 기어가는 해국처럼
그 사람의 슬픔까지 사랑해야 한다

물의 제단을 넘나들던 여자의 상처가 섬이듯
바닷속에 순장된 꿈 덕지덕지 붙어있는 바위를 뒤집자
율법을 어긴 영혼이 순비기나무 속을 빠져나간다

*순비기나무: 해안가에서 해녀들의 숨비소리를 들으며 자란다는 꽃

가을. 화살나무

여름내 겨누기만 하던 이름을 활시위에 걸고 당겼지요
아니 손에서 놓았다는 표현이 맞겠군요
코르크 날개를 달고 빠르게 날아간 곳은 몸의 제일 안쪽

불 꺼진 꿈을 꾸다가 빛의 방향으로 돌아누울 때
새들은 날아가는 방향을 바꾸고
나는 이정표 대신 울음소리를 부려놓지요

쨍한 가을 하늘을 잘라내어 받쳐 든 활시위 아래로
뚝뚝 떨어진 붉은 울음소리
보도블록 아래로 밀려나고 있었지요
가지 끝에 쏙 뱉어낸 루비가 아니었다면
몸에 장착된 활시위는 눈치채지 못했을 순간이었지요

수리나 매가 아니어도
전우箭羽를 달고 쏜살같이 그리움을 겨냥해 날아든
활과 살
활대
활시위
오늬

모두 제 몸에 박혀 피를 흘리고 있다는 가을 화살나무
　상처를 보여주려 흥건해진 피를 과녁 밖으로 쏟아내고 있지요

선운사 동백

동백이냐
춘백이냐 묻던
질문의 성장판은 더 이상 자라지 않았다

오래전의 갑론을박을 확인하기 위해
서둘렀다면 때 이른 발길이며
늦었다면 요행을 바라는 마음으로
겨울 한가운데를 가로질렀다

경내에 도착했지만
나무와 이파리의 거리만 존재할 뿐
꽃은 아직 오지 못했다

입술을 굳게 다문 채
서로가 서로를 바라보는 빈 문장들
붉은 피로 말을 걸려는 의도
꽃 몽우리 속에 감추고 있다

서로의 가슴에 박았던 못 자국 같은 흉터를 붉게 칠해주고
핏빛으로 선명했던 지난날의 의미를 찾고 싶었던 꽃

오지 못한 향기를 머금고 입술을 굳게 다문 채
뿌리에서 밀어 올리는 언어를 기다린다

피와 꽃의 간극에서 마주해야 하는 봉기[*]의 서사
피 흘렸던 단어를 어루만져주고 싶어 기다리다
일상의 벽에 박았던 못에 대한 해명을 위해
다시 구부러지는 침묵

*봉기: 개항기에 고창군 무장 지역에서 동학교도와 농민들이 합심
 하여 일으킨 봉기

청령포 소나무

서강마저 울며 돌아나가는 유배지
어소를 향해 서 있는 소나무들
지붕에 닿을 듯 등을 구부리고
600년 전 피의 울음소리를 듣고 있다

바람도 강물 위에 납작 엎드려
600년 동안 멈추지 않고 우는
울음의 껍질을 닦아주고 있다

조곤조곤 아픈 역사를 들려주는
서강의 물소리를 건너면
차마 눈뜨고는 보지 못했을
차마 귀 기울이고 듣지 못했을
17살의 통곡 몸에 새기느라
등이 휘어버린 나무들
600년 동안 새긴 울음소리 대신
제 나이테를 어루만지고 있다

먼 길을 달려온 나는
나이테 속에 울음소리 혼절시키려
맨몸으로 소나무를 끌어안는다

퐁낭*의 사생활

 바람이 자라서 푸르러지면 퐁낭*에 묻어두기로 해요 퐁낭이 가졌던 꿈은 스스로 자라나 배경이 깊어지고 많은 상처들을 가질 거요 바람이 빚어낸 노래로 퐁낭의 몸에 그림을 그리면 가끔씩 까마귀의 울음소리로 울거나 몇 장의 파편이 되어 낭* 아래로 떨어질 거요 그게 역사의 증표라고 믿지 않았으면 좋겠소

 마을 사람들이 쓰는 보통 말로 나무의 그림자를 채색하다 보면 늙어버린 시간이 과거라는 둥지 속에 새살을 키워 풍경의 두께보다 더 아름다운 흉터가 되기도 하지요 그런 순간 마을 앞에 엎드린 바당*을 바라보지요 사랑하는 마음을 가지고 밀려왔다 사랑했던 마음을 모두 쓸어 담고 가는 파도가 지워버리고 싶은 건 무엇이었을까를 생각한 적이 있지요 그럴 때마다 허공에 건 이름 대신 텅 비어 버린 흉터를 바라보곤 했지요 그게 파도가 가다가 돌아서서 들여다보고 싶은 사랑의 그늘이었는지도 모르지요

 처음엔 나란히 서서 걸어간다 해도 결국 앞서거나 뒤서거나 하는 시간에 무엇으로 밑줄을 그으면 나란히 손잡고 끝까지 걸어갈 수 있을까를 생각한 적도 있지요 빈잠으로

그려보는 꿈이 모두 삭아 내릴 때까지 우린 걸어야 했어요

　누군가의 삶을 한 권의 책으로 읽을 때 수사가 아름답다는 건 한 사람이 사랑의 상처를 잘 다스렸다는 증표이기도 해요

　줌인 해 버린 삶이 낱낱이 드러나는 순간이 있지요 그럴 때 사랑이라는 단어를 등에 지고 오르고 싶은 나무 앞에 서서 끝이 무뎌 버린 정釘을 들고 흉터가 연대기가 될 때까지 새길 차례인 거요 수백 년이 흘러 화석이 되어버린 사랑을 주석으로 달면 동반이라는 단어의 윤곽이 퐁낭의 배경의 되었을지도 모르지요

*퐁낭 : 팽나무를 이르는 제주어
*낭 : 나무를 이르는 제주어
*바당 : 바다를 이르는 제주어

가을 나무의 전언

바람과 한통속이 되어 툭 떨어지는 순간
상한 말들을 놓아 버리기 시작했다
무엇이든 말로 하지 않겠다는 단호한 자세

생을 살다 보면
말이 필요 없어
그냥 몸으로 서 있기만 해도 되는 계절이 있다

끝까지 나무의 체온을 물고 남아있는 한 잎을 본다
그건 심장에서 퍼 올린 사랑이 하나라는 다른 표현
다용하던 말들은 무게 없는 궤적을 그리며 떨어지고

 촉수 낮은 저녁 식탁에 마주 앉아 깨어진 말의 조각을 주워 들고 말 속의 의미를 찾으며 아름답던 시절로 걸어 들어가면 말 한마디에 숨어든 날 넘은 말이 서로를 겨냥하는 칼이 될 수도 있다는 상대의 어법을 해부하며 감정의 더듬이를 서로에게 걸고 함께 울기도 했던 눈물 묻은 명사가 아름다웠다

 잊어버리라고 보낸 문장을 외웠다

문장 속을 기어다니다 눈물 흘리고 있는 단어에 걸려 넘어질 때
　피 묻은 명사가 지천인 이 계절의 이유를 묻는다

　늦게 깨어난 환삼이 더듬이를 내밀어 문장의 목을 잡는 저녁
　남아있는 수식어들을 모두 버리려고 겨울 행을 시도했다

5부
그리운 농담

익명의 일기
─s에게

  갈대숲을 헤치고 기어 나온 늙은 뱀이 신이 다녀간 시간과 죽은 갈대 사이로 안개를 끌고 다녔다

  동네 골목에서 술래잡기하다 두고 간 세 오누이의 일기를 펼쳐보았다
  개밥을 주다 개에게 끌려간
  개펄에 갔다가 밀물에 끌려간
  신호가 없는 건널목에서 차바퀴에 끌려간
  세 개의 그림자가 안개 쪽으로 넘어져 있었다

  중심에서 멀어진 앞바퀴가 헛돌았다
  엄마가 부르던 이름 대신 골목을 채우던 노랫소리
  갈대숲 어디쯤에 슬어 놓았을까
  속을 비운 그림자 안에서 뼈 부딪치는 소리가 들렸다
  익명의 슬픔은 어디까지 흘러갔을까

  뜨거워진 심장에서 지우지 못한 이름들을 끌고 다시 순천만에 왔다 끝내지 못한 세 권의 동화가 갈대 사이로 들어가 낯선 바람 소리를 냈다 기억의 행간에 갇혀있던 눈물이 마른 비듬을 날리며 가벼워졌다 파도가 밀리지 않는 포

구에 닻을 내리고 싶었다 뱃길 따라 걷는 걸음을 늦추었다 갈대 속 세 개의 방의 안부를 묻는다 해안선의 끝은 단단할까

불온한 동거·3
−이명

천정에서 지구본이 돌았다
통째로 흔들리는 몸

흰 가운과 마주 앉아
목에 걸린 청진기의 수명에 대해
입술을 주고받을 때 귀 밖은 소란했다

매미가 세 들어 사느냐는, 귀뚜라미가 세 들어 사느냐는 질문에
고분고분해진 귀가 제 몸속의 많은 문짝을 열었다

 달팽이관 아니 세 반고리관에서 매미와 귀뚜라미가 한꺼번에 쏟아졌다 병원 바닥에 잠잠해진 매미와 귀뚜라미를 남기고 돌아서는데 흰 가운이 던진 한마디 "매미와 귀뚜라미가 귓속에 세 들어오면 고약한 친구 데리고 산다 생각하고 잘 달래서 살아봐요 살다보면 정들어요."라는 말 얼른 주워들었다 매미와 귀뚜라미가 느린 걸음으로 따라나섰다 따뜻한 피가 달팽이관에서 모세혈관을 돌기 시작했다

부천역 혹은 각주[脚註]

  사내가 죽은 나무를 밟고 내려왔다
  아니다 산 나무를 밟고 올라온 것이다
  푸른 장미를 찾아온 것이다
  닳아버린 신발을 벗어 성주산 앞에 두고
  남과 북으로 갈라설 수 있을까

  역전 골목을 지키던 전신주가 마른하늘을 쥐었다 왈칵 놓는 순간이 있었다 소나기 피하는 법을 모르던 사내는 젖은 문장으로 들어가 각주[脚註]를 게워 내기 시작했다 단어와 단어 사이에 거품이 일고 철 지난 구직 광고로 한 면을 도배한 벼룩시장이 역전을 굴러다녔다

  낡은 신발들을 싣고 가던 막차가 개혁의 물살을 낳았다는 활자가 다음날 뉴스의 헤드라인으로 떠올랐다 옥상에서 떨어진 사내의 몸뚱이가 배낭 속 구인광고보다 가볍다고 웅성대는 골목 빈 펄로 누워 골목이 차오를 때까지 단어들을 번식시키는 사내 완성된 문장은 서해바다의 염전을 닮았다

  궁서체 문장이 한 쪽 다리를 들고 전신주에 오줌을 갈기

는 밤 달빛은 울타리를 넘는 장미 가시를 따라 흘러내리다 상처를 입었다 시간이 지난 뒤 흉터에 해독할 수 없는 꽃을 매달렸다 동그랗게 말아 꽃잎 속에 숨겼던 이름을 꺼내어 가로등에 비췄다 눈을 찌른 첫 번째 이름이 말하고 싶어졌다

발칙한 뿌리

선암사에서 내려오다 보았다
허물어진 산허리를 붙들고 서 있는 소나무 한 그루
뒤틀린 뿌리를 뻗어 생강나무 뿌리를 끌어안고 있다

생강나무의 그림자 속으로 들어가 여린 향을 흔드는
그것도 모자라 또 다른 나무를 향해 기어가는
뿌리가 뿌리에게 행해지는 횡포

칡넝쿨 더듬이가 되어 누군가의 멱살을 잡는다 해도
우린 마르고 각진 풍경을 뼛속에 새기거나 흘려보낼 뿐
발칙한 뿌리를 그냥 바라보고 있을 뿐이다

장부에 관한 일 외에는 관심이 없다는 듯
동전 한 닢을 물고 있는 승선교*는 말이 없다

어린나무의 비명 대신 안개로 덥혀있는 승선교 위에서
우린 못 볼 걸 본 것처럼 안개 속으로 들어가 눈을 감았다

*승선교 : 순천 선암사 있는 다리

무빙워크

핏속에는 강의 유전자가 섞여 흐르지요
피를 따라 지구의 구석구석까지 흐르고 싶어요
조심스럽게 페달을 밟아봐요
아 페달이 없군요
전두엽* 속에서 마음껏 휘청거리고 싶은
의지와는 상관없는 출발지와 종착지

꿈의 환승역은 어디가 좋을까요
이베리아반도의 끝 호카곶*에서 매서운 바람으로 갈아탈까요
저물녘이 흐르는 갠지스강의 장작 불빛으로 갈아타는 건 어때요
나일강의 크루즈를 타고 밤새 별빛 여행은 어때요
아니면 해남의 땅끝마을이나 가파도의 청보리밭으로 갈아타는 건

끝은 언제나 끝과 함께 있고
끝과 끝이 만나면 시작인거죠
뭍의 끝에서 만나는 바다
뭍과 뭍 사이에서 흐르는 강

늘 시작과 끝은 공존하지요
망망대해에서 만나는 섬은 다시 시작점이죠

우주로 가고 싶은가요
그럼 피의 반대 방향으로 누워 몸을 맡겨봐요
낮에도 간간이 부서지는 별들을 만날 수 있을 거예요
가속 페달을 밟을 땐
바람의 목덜미를 꽉 물고 발가락 사이 벌리는 것 잊지 말아요
한 번 허물어진 균형은 되돌리기 힘들거든요

당신과 내가 맞물려지는 속도를 들키지 않으려면
어디에도 스키드마크*만들지 말아요
사랑의 속도는 늘 흔적을 남기니까요
지구본이 빠르게 돌고 있어요
내 안에도 이안류가 흐른다는 것 잊지 말아요

전전두피질*의 풍화 침식의 속도는 느려요
우린 느리게 흐르는 법도 배워야 해요
돌아보니 몸 한 바퀴를 돌았네요

이제 무빙워크에서 내릴까요

*전두엽: 뇌에 모든 감각이 모이 곳
*호카곶: 포르투칼의 지명 카보다호카라고 함
*스키드마크: 차량이 미끄러지면서 남긴 바퀴 자국
*전전두피질: 뇌에서 감정을 관장하는 영역

괄호 안의 백과사전
– 김야천 화가

당신은 해와 달 사이에서 백지를 키우지요
백지 위에 풀을 그리면 들판이 되고
목숨 있는 것들을 그려 풀 속에 숨기면
이야기는 한 쪽으로 흘러 샘으로 솟아나지요
이것을 여정^{旅程}이라 읽어내고 해독^{解讀}해 보면
당신은 60년대에 만들어진 신발을 끌며
60년대에 발간된 백과사전에 대해 얘기하지요
날마다 밤을 적셔 영혼으로 그려낸 시^{詩}는
60년대의 달에 도착해 당신이라는 괄호 속에서 자라지요

괄호를 열어보면 끊임없이 그려내야 하는 신의 들판과
빛이 자라지 않는 행성을 어둠이라고 부르며
해안가에 지었던 거북이 집을 그리워하지요

흥건해진 일몰이 누이의 치마폭을 물들일 때면
웃자라는 그리움을 잘라주며
서로에게 날려 버린
시간의 부메랑에 대해 얘기하지요

흔들리는 바람만큼만 따라가는 전설 속 되감아도 되는

백지에는
  한 땀 한 땀 그려낸 당신의 바다가 출렁거리고
  파도가 바다를 깎아내다 남겨진 것이 감정의 뼈라며
  당신은 몸 안 깊숙이 파도가 들이치도록 놔두지요
  뼈의 내력엔 불온한 노래가 섞여 있으므로

  계절의 한복판에 슬퍼하지 않아도 되는 풀밭과 기뻐하지 않아도 되는 샘터와 강물도 씻어내지 못하는 꽃의 눈물을 수놓아 누이에게 보내면 길을 가다 한 번쯤은 돌아 볼 생애가 너울거리고 당신은 가슴에 담았던 눈물을 끌어올려 다시 샘을 만들지요

  당신을 읽기 위해 흑백사진 속에서도 비에 젖는 오방색의 꽃밭과 뼈 사이에서 솟아나는 샘의 연대기를 펼치면 그건 누대累代에 걸쳐 마련된 서사였다고 몇 모금의 샘물로 허기를 달래고 서둘러 외출을 나서는 당신 그러니까 당신은 태어날 때부터 백지를 가졌거나 풀밭에서 태어난 거죠

건전지의 불면

 같은 장소 같은 위치에 서 있던 기둥 시계는 안녕한가를 물으며 귀를 잡아당겼다 재깍거리며 심장을 드나들던 피가 동맥에 묶여있다는 그러니까 같은 크기의 보폭으로 빌딩 숲을 배회하고, 같은 크기의 보폭으로 시골길을 덜컹거리던 수명에 문제가 생겼다는 것이다 우선 건전지를 바꿔주고 싶었다.

 제자리걸음으로 멈춰 선 시계에서 건전지를 뺐다 시계추에 감겨있던 상처투성이의 삶이 바닥으로 쏟아지고 몸뚱이마저 기둥에서 스르르 내려와 방바닥에 나뒹굴었다

 119로 실려 간 병원 생년월일에 태어난 시간까지 적은 차트를 건네주고 바코드를 클릭했다 함부로 써버린 시간들이 비명을 지른다

 건전지를 새것으로 갈아 끼웠다 불면의 늪에 갇혀 방전되었던 호흡이 돌아오고 시간이 째깍거리기 시작했다 건전지로 유지되었던 타의적 수명을 넘어서서 다시 깨어나는 불면

충분하다

한파주의보가 내린 오늘 저녁이
그런 날이다

체온을 나눌 수 있는 거리에 당신의 손이 있어서
그것으로

당신과 나 사이에 강이 흐르고
건너가거나 건너오면 다시 삶으로 출렁거릴 수 있는
그것으로

해안선은 일몰에 가려져 붉어가고
한때는 노을을 보며 피로 얼룩진 가슴이라고 우긴 적 있지만
당신과 내가 나란히 서서 바라볼 풍경이 있다면
그것으로

창 너머의 창백한 어둠까지 껴안아야 하는 순간
어둠 속에서 당신의 손을 함부로 잡을 수 있다면
그것으로

여전히 아름다웠던 이별을 되돌아보며
오랫동안 지녔다고 믿는 백지를 인쇄하자
함부로 온 슬픔의 행간이 더욱 뚜렷해졌다

물 먹이다
– 골드 미스

등 떠밀려 나온 맞선 자리
테이블 위 물 한 잔 벌컥벌컥 마시고
빈 잔을 내려놓자
다시 물을 부어주는 사내

서른여덟 번째의 사랑
금사빠*란다
몸의 구석구석을 스캔하다 빠진 그녀의 눈
호수에는 벌써 물살이 일었다

어깨에 멘 뤼통 가방과 시각을 높여주는 킬힐이
사내의 정수리를 정조준했다
사내 속으로 걸어 들어가 삶의 잔고를 스캔했다
재수 좋으면 100년
재주가 나쁘면 120년이라는데

물을 먹어야 되는 인생이라면
덜컹거리는 무릎을 끌고
50까진 먹을 요량이다
그래도 잔고가 70년은 된다는데

*금사빠 : 금방 사랑에 빠진다는 의미

그리운 농담

허방에 쌓아두던 추억을 처분하고 싶은 겨울의 외곽
서로를 베어 넘기던 말이 어색해져 채석강으로 향했다
연대기라는 이름으로 수만 권의 책을 쌓아 놓은 닭이봉 앞에서
날 넘어버린 사랑은 원래 믿을 수 없는 거라며
손등에 묻은 체온을 서로에게 흘렸다

눈의 발자국 소리를 따라 들어간 질문의 골목은
바다를 향해 열려있었고
눈을 삼키면서도 바다는 흔들리지 않았다

눈꺼풀 안에 젖은 거처를 마련한 노을은
채석강 바위에 걸려 있었다
추억이라는 이름으로 일몰의 위치를 정하고 잡아당겼다
바닷속으로 떨어지던 해가 얼굴을 붉히며 따라 들어와
서로의 눈 속에 잠깐 새겨졌다 눈물로 스러졌다

서로의 흉터 사이에서 침묵하는 동안
고향에선 뺨을 때리는 싸락눈이 내렸었다고
절박하지 않은 농담을 주고받으며 공감대를 형성해 본다

나는 나를 생각하다 슬픔을 삼키고
당신은 당신을 생각하다가 넘어지는 방황의 경계
비어 있는 소리의 틈에 기대어
서로에게 사무치다 희미해진 등을 바라본다

서로에게 내밀 수 있는 시간이
바다로 추락하기 직전의 일몰만큼 남아있을까

심장 밑에 감춰진 마그마 같았던 서로의 이름을 꺼내어
현주소를 묻는 대신 손에 깍지를 끼고
조금 더 걸어 나가보기로 했다

자코메티*의 행렬
−골령골*

버림받은 발자국으로는 닿을 수 없는 어둠의 뒤편
수척해진 진실을 구체적 체위로 규명한다

드론적 시각으로 내려다보는
세상에서 제일 긴 무덤
1k나 되는 구덩이에는
생각이 잘려 나간 몸뚱이가 주소를 지키고
가리키는 사람*이 널브러져 있고
걷는 사람* 마디가 절단된 채
구겨진 목숨으로 가득하다
자코메티에서 벗어날 수 없는 자코메티들이 산을 이뤘다

죄 대신 섬*을 훔치고 떠난
누워있으나 잠들지 못하고
자코메티가 된 아버지
자코메티가 된 형도 있다
살아서 자코메티가 된 어머니가 아버지를 기다린다

시간의 빗장이 풀려도
왼손으로 쓴 침묵은 길었다

이분법으로 결정짓는
처음은 왼손이 쐈았고
그다음은 오른손으로 당겼다는
한순간의 컷오프

파열된 시간 밖으로 내몰린 주름진 침묵이
진실이 되기까지 어둠을 파헤친다

정강이뼈의 자코메티
머리뼈의 자코메티
손가락뼈, 발가락뼈, 갈비뼈
기억의 저편으로 사라지는 뼈들의 행렬
물렁뼈를 가졌던 뼈와 뼈 사이에서
마지막으로 전하고 싶었던 안부들이 덜그럭거린다.

누운 자세로
엎드린 자세로
부서진 자세로
말을 건넨다

사라진 몸 위에 침묵을 올려놓고
뼛속이 환해지기까지 시간을 벗긴다
오지 않을 발목이 벗겨지고
쓰지 못할 손목이 벗겨지고
버림받았던 어둠이 벗겨지고
너덜거리는 역사의 경계가 벗겨지고
비극의 채도가 묽어지고 있다

묻고 싶다
몽돌 같은 이름 하나 어디에 걸어놓아야 하는지
금 간 슬픔을 전할 토막말 한마디 어디에 있는지

죄의 시간을 죽음의 뼈로 덮고 있는 골령골*

*자코메티: 조각가. 작품으로 *가리키는 사람, *걷는 사람 등이 있다
*죄 없는 섬: 당시 제주도에는 교도소가 없었음. 조천읍 북촌 출신
  4.3 희생자
*골령골: 대전시 산내 골령골. 대전형무소에 수감되었던 정치범 및
  민간인 집단 학살지. 1k나 되는 세상에서 제일 긴 무덤이 있는 곳

해설

바람이 전하는 말

이동재(시인, 소설가)

바람이 전하는 말

이동재(시인, 소설가)

'인간이 한 모든 말이 사라지지 않고 공중을 떠돌고 있다면 어쩔 것인가?'

한때 이런 상상을 한 적이 있다. 인간이 지구상에 출현한 이후에 내뱉은 모든 말들이 바람이 되어 공중을 떠돌다가 그 소리를 들을 수 있는 누군가에 의해 다시 재생된다면 얼마나 놀라우랴.

생각해 보면 그리 놀라운 일도 아니다. 다른 사람의 눈엔 보이지 않는 것을 보는 사람이 있고, 환각, 망상이란 말도 있듯이 남의 귀에 들리지 않는 소리를 들을 수 있는 사람도 있을 법하다. 환청이란 말을 그런 때 써도 되는 말인지 모르겠다. 문제는 소리가 사라지지 않고 대기 중에 남아 있을 수 있는가다.

소리는 파동의 형태로 전달되다가 진폭이 감소하거나, 장애물을 만나거나, 매질의 특성에 따라 소멸한다는 것이 일반 물리학적 설명이다. 그렇다면 감소한 진폭을 되살릴 수 있는 기술이 있거나, 부딪친 매질에 흡수된 소리를 되살려낼 수 있는 기술이 있다면 사라진 소리를 되살릴 수도 있지 않을까 하는 것이 소박한 내 생각이었다.

 그럴 수만 있다면 우리는 아담이 이브에게 건넨 처음의 작업 멘트를 다시 들을 수 있을 것이며, 단군 할아버지가 그의 어머니인 웅녀와 나눈 대화나 고구려의 추모왕과 소서노가 나누던 대화도 들을 수 있고, 백제의 무왕과 선화공주가 나눴던 말도 다시 들을 수 있을 것이며, 마의태자가 개골산에서 죽기 직전 마지막으로 한 말이 무슨 말인지도 알 수 있을 것이다. 또한, 우금치에서 죽어간 동학농민군의 아우성을 다시 들을 수도 있고, 노상원과 그 일당들이 햄버거집에서 나눴다는 얘기, 한덕수나 이상민, 최상목, 그리고 윤석열과 김건희가 12·3 계엄 직전에 나눈 대화도 다시 들을 수 있을지 모른다.

 역사 이래 인간이 한 모든 말이 공중을 떠다니고 있지만, 평범한 사람들은 그것을 그저 바람으로만 알 뿐이다. 그런데 그 공중에 떠다니는 말을 들을 수 있는 자가 있으니, 일단 그를 무당, 혹은 시인이라고 하자.

 김양숙의 시집 『종이 사막』엔 정체 모를 '바람'이란 단어가 자주 등장한다. 그 '바람'은 공중을 떠다니는 누군가의 말일 수 있고, 소문일 수도 있다. 어쩌면 이 글은 시인의 그 바람을 쫓아가는 이중 번역의 작업일 수 있겠다.

 글을 쓴다는 것은 자기를 찾아가는 여정이면서 자신과 자신을 둘러싼 세계를 확인하는 과정이다. 따라서 모든 작가의 글은 결국 작가의 자서전이라는 말도 가능하다. 작품을 보면 작가가 보인다는 말이 과장이 아닌 이유다. 그렇다고 작품이 작가의 모든 것을 말해준다는 말은 결코 아니다. 글은 항상 그 사람 자체보다 작다. 그럼에도 불구하고 단편적인 글이나 말을 통해 사람을 이해하고자 하는 것이 문학의 숙명이다.

 김양숙의 시집 『종이 사막』은 다섯 개의 챕터로 나누어져 있다. 읽다 보면 왜 굳이 다섯 개의 챕터로 나눈 것인지, 각각의 챕터가 얼마만큼 독립성과 연관성을 가진 것인지 의문이 가기도 하지만, 전체적인 의미나 각 챕터 사이의 유기적인 연관성을 의심할 정도는 아니다. 시인은 민족의 시원, 직계 조상의 흔적과 역사적 현장, 고향의 골목과 생활 현장을 챕터의 구분과 상관없이 넘나들며 누비고 있다.

 시인이 먼저 찾은 곳은 우리 민족의 시원과 관련이 깊은 바이칼호수다.

> 사랑의 연대기보다 먼저 물 무덤을 찾고 싶었다
> 당신에 관한 주석을 몸에 새기고자
> 겨울이면 바이칼호수행 기차표를 들여다보곤 했다
>
> 복선으로 깔린 전설을 규명하고 싶었다
>
> 깊이와 넓이를 재구성해야 한 세계가 태어난다는
> 투명한 슬픔을 고집하며 궁둥이를 내밀었다
> 철썩
> 푸른 소리가 궁둥이에 입체적으로 박혔다

> 그게 바이칼 호수가 피에 섞여 흘러온 증표였
> 다니
> 　　　　　　　　　　　－「몽고반점」 부분

　몽고 인종의 특징인 몽고반점이 바이칼 호수가 피에 섞여 흘러온 증표로 보고 있는 시적 관점이 흥미로운 이 시에서 시인은 우리 민족의 시원을 바이칼호수에서 찾고 있다.
　우리 역사의 시원과 주요 공간에 관한 연구는 아직도 모든 한민족의 역사를 한반도와 만주의 일부 공간에 구겨 넣어온 식민지 반도 사관에 갇혀 역사적 사실이나 진실과는 먼 곳을 헤매고 있는 것이 사실이다. 우리의 고대사는 아프리카에서 시작된 인류 이동의 끝과 우리 민족사의 시작 부분이 만나는 지점부터 시작된다. 특정 집단이 일정한 공간을 점유하면서부터 나라나 민족의 개념이 형성됐겠지만, 수만 년의 인류 역사 속에서 인류는 항상 기후 변화와 인간 사회의 물리적 충돌로 인하여 특정 세력의 삶의 공간은 끊임없이 변화를 겪게 마련이었다. 따라서 먼 과거의 역사는 지구과학적인 역사적 사실과 각자 자기중심적으로 기술해 온 무수히 많은 인접 종족이나 민족, 국가의 역사와 깊은 영향 관계에 있을 수밖에 없다. 현재의 고정된 국경선과 정치 감각만으론 과거 역사의 실체나 사실에 다가가기는 힘들다. 더군다나 한국 고대사의 경우 식민사학자들이 멋대로 왜곡시켜놓은 프레임을 제대로 걷어내지 못하는 한 역사적 사실이나 진실에 접근하는 일은 계속해서 어려운 일이 될 수밖에 없다.

무수한 논쟁에도 불구하고 고구려의 첫 수도로 기록되어 있는 홀승골성이 현재의 요하 서쪽인 의무려산 근처나 압록강 중상류인 오녀산성이 아니라, 바이칼호 근처였을 것으로 추정하는 일부의 학설은 많은 이들의 상상력을 자극한다. 고대의 천문 현상의 관측 위치를 연구한 천문학자 박창범 교수는 「삼국시대 천문 현상 기록의 독자 관측사실 검증」(1994)이란 논문(『하늘에 새긴 우리 역사』, 김영사, 2002에 재인용)에서 고구려 초기 천문관측 위치가 바이칼호 근처였음을 밝힘으로써 초기 고구려의 수도가 바이칼호 근처였을 가능성을 과학적으로 제시하고 있다.

　『삼국사기』와 『삼국유사』에 기록된 고구려, 백제, 신라 시대의 일식은 67회, 혜성 출현 65회, 유성과 운석의 낙하가 42회, 행성의 이상 현상 40회, 오로라 출현 12회 등 총 226회의 천체 현상이 기록되어 있다. 이 가운데에서 일식 현상을 중심으로 그 관측 위치를 추적한 결과 놀랍게도 고구려, 백제, 신라의 초기 천문관측이 중국 대륙에서 이뤄진 것으로 밝혀졌으며, 고구려 초기의 천문관측 위치는 바이칼호에 가까운 것으로 나타났다.

　이러한 과학적 사실 검증에 대해서 기존의 강단 사학계에선 아직도 이해할 만한 설명을 내놓지 못하고 있다. 물론 이 글이 국수적인 영토 확장의 욕망을 드러내는 것이 목적이 아니므로 더 이상의 말은 하지 않겠으나, 시의 기능 중 하나가 감각의 확장이라면 기존 식민사학의 프레임을 깨고 한반도와 만주를 넘어서 민족의 시원을 찾아가는 과정 자체도 감각의 확장이란 측면에서 의미 있는 일이다. 유라시아 대륙과 중국 대륙을 휘젓고 다니던 인간들에게 현재의 국경선이나 역사 지리는 아무런 구속력도 갖지 못했을 것이기 때문이다.

우리 민족의 시원지를 찾아가는 시인의 여정이 「몽고반점」의 바이칼호수였다면 자신의 직계 조상의 뿌리를 찾아간 곳이 「뿌리로 가는 문」에 나타난 경순왕릉이다.

> 섬을 등에 지고 떠나올 때
> 꼭 가보고 싶은 곳이 있었지요
> 호적부를 뗄 때마다 본관 란에 올라있는 나주
> 56대 경순왕 둘째 아들이 머문 곳이라는데
>
> 피를 거슬러 오른다는 것은 무엇을 의미하나요
> '물메훈장집'이라는 택호가 자랑스러워 어머니를 닦달하시던
> 아버지의 핏속을 점령하던 나주 김
> 비가 먼저냐 구름이 먼저냐 갑론을박하던
> 외삼촌과의 논쟁을 멀리하고 싶었어요
>
> 아버지를 버리고 올 때
> 다락 위에 모셔놓았던 족보를 확인하고
> 호적등본을 훔쳐 나왔지요
> 끝내 확인하고 싶은 곳
>
> ―「뿌리로 가는 문―경순왕릉」 부분

시인은 신라의 마지막 임금이었던 경순왕의 둘째 아들로부터 이어지는 혈통인가 본데 그런 시인이 자신의 직계 조상인 경순왕의 무덤을 찾아가는 여정은 곧바로 자기 뿌리를 찾아가는 여정이다.

망해가던 신라를 들어서 고려 왕건에게 바치고 개성에서 살던 경순왕이 죽자 그의 본향인 경주로 돌아가려다 고려 왕실의 반대로 묻힌 곳이 지금 연천의 민통선 지역이다. 시인은 그곳에서 나라를 들어 바쳐야 할 만큼 다급했던 조상의 역사만큼 위태로운 한국 현대사의 현장을 재확인한다.

하지만 자신의 직계 조상인 경순왕의 둘째 아들이 묻혀 있는 나주로 가는 여정은 아직 끝나지 않은 모양이다.

민족의 시원과 조상의 뿌리를 찾아가는 여정이 시간을 거슬러 올라가는 시간 여행이라면 시인의 고향으로 가는 길은 자신이 태어난 생물학적 공간에 대한 기억을 되살리는 작업이다. 그때 제주가 고향인 시인의 고향은 부모님 대의 흔적과 비극의 가족사와 중첩된 공간이 될 수밖에 없다.

대장간 쇳소리를 연상시키는 '깡깡이 마을'의 바다와 골목, 조천, '구멍이 숭숭 뚫린 바위'에 앉아 물장구를 치거나 달빛을 바라보시는 어머니, 오름과 동백, 그리고 만나게 되는 제주 4.3의 흔적들.

    19470301이라고 쓰고 북국민학교* 운동장에서
  곪아 터진 상처라고 읽었다
    1948040319540921 사이에는 통째로 지워진 이
  름들이 즐비했다

각각의 속도를 지닌 채 빛을 삼킨 이름들
가매기모른식께* 앞에서 어둠으로 만났다

촉수 낮은 별들이 차가워진 기억의 골목으로 들어서면
세화의 다랑쉬굴*, 와흘의 물터진골*, 정방폭포의 소낭머리*, 북촌의 너분숭이*등에서 사라진 이들의 안부를 묻는 일은
꽃으로 제단을 만드는 일
무릎 꿇고 제단 앞에 꽃으로 서는 일

사라진 우뜨리가름*에는 이름 모를 꽃들이 피고 지고
산굼부리 어욱꽃*은 안개를 피워 올리며 제 울음소리를 들어야 했다

－「상징에 대한 예의 - 4.3」 부분

시인의 말대로 당시 30만 명의 제주도민 중 3만여 명이 학살당한 제주 4.3 사건은 단독정부의 수립 과정에서 미군정과 대한민국 정부가 남로당원과 무장대를 토벌한다는 명분으로 무고한 양민을 학살한 반인륜적인 범죄였다. 해방 후 분단과 분단 정권의 수립 과정에서 38선에서 가장 멀리 떨어져 있던 제주도는 역설적이게도 주로 38 이북 출신들로 구성된 서북청년단에 의해 제일 먼저 큰 피해를 보았다.

하지만 역사는 작용이 있으면 반작용이 있는 법이다. 인천 상륙작전을 시작으로 그 용맹함을 떨치게 되는 대한민국 해병대의 초창기 맴버 주력이 주로 빨갱이의 오명을 씻기 위해 '반공, 충성' 맹약을 하고 입대한 제주 출신의 청년들이었다는 사실은 역사의 인과법칙을 확인케 한다. 전쟁에서 군인의 용맹함은 그 적들에겐 잔인함, 혹은 잔혹함의 다른 이름일 수 있기 때문이다.

제주도를 제외한 남한만의 단독선거를 통해 대한민국 초대 대통령이 된 이승만은 국무회의를 통해 제주 지역에 계엄을 선포하고, "가혹하게 탄압하라"라는 지시를 내렸다. 경찰 책임자였던 경무부장 조병옥은 '신성한 대한민국의 존립에 30만 도민의 존재는 필요 없다.'라고도 했다. 이것이 이승만 정부의 공식 입장인 셈이었다. 국민의 생명과 재산을 최우선으로 지켜야 할 국가가 앞장서 국민의 생명을 대규모로 빼앗은 첫 번째 사건인 셈이었다.

워낙 섬 전체에 걸쳐 자행된 학살이라 제주 사람이라면 아무도 그 사건으로부터 자유롭지 못했다. 시인의 가족사도 얽혀들어 가지 않을 수 없었을 것이다. 따라서 시인도 제주 동백꽃이 왜 슬픈 꽃인지, 화산 지대인 섬 전체에 흔한 그 현무암의 구멍마다 비명에 간 망자들의 이름이 왜 새겨져 있는 것인지, 해석되지 않은 주문이 왜 그렇게 많은 것인지 말하고 싶어 한다. 짧은 시 한두 편으로 마감할 수 없는 이유이기도 하다.

소설을 쓰기 시작한 이래 1957년 「까마귀의 죽음」으로부터 『화산도』(1976-1997), 2020년 『바다 밑에서』에 이르기까지 제주 4.3 사건을 집요하게 다뤄온 제주 출신의 재일교포 작가 김석범(본명 신양근, 1925-)은 '4.3 사건을 생각하면 화가 치민다. 화가 나니까 소설을 쓰는 것이다. 쓰고 싶다는 마음이 나를 죽지 못하게 한다. 그래서 나는 오래 살았다.'라고 말했다. 또한, 그는 '죽은 자는 산 자들 속에 살아 있다.'라고도 했다. 한강 작가의 '과거가 현재를 도울 수 있는가? 죽은 자가 산 자를 구할 수 있는가?'라는 질문 속에는 앞서 4.3을 소재로 현실 권력이 지워버린 과거를 재생하기 위해, 그 소멸을 늦추기 위해 수십 년간 타국 땅에서 분투해 온 김석범의 흔적이 담겨있다. 김양숙 시인의 시작 또한 그러한 작가들의 분투와 궤를 같이하고 있는 듯하다.

제주 4.3 사건은 곧이어 여순사건으로 연결되고, 이어서 한국전쟁 기간 전국적으로 벌어졌던 보도 연맹원 학살 사건과 같은 양민 학살 사건으로 이어진다.

> 버림받은 발자국으로는 닿을 수 없는 어둠의 뒤편
> 수척해진 진실을 구체적 체위로 규명한다
>
> 드론적 시각으로 내려다보는
> 세상에서 제일 긴 무덤
> 1k나 되는 구덩이에는
> 생각이 잘린 몸뚱이가 주소를 지키고
> 가리키는 사람이 널브러져 있고

걷는 사람 마디가 절단된 채
구겨진 목숨으로 가득하다
자코메티에서 벗어날 수 없는 자코메티들이 산을 이뤘다

죄 대신 섬을 훔치고 떠난
누워있으나 잠들지 못하고
자코메티가 된 아버지
자코메티가 된 형도 있다
살아서 자코메티가 된 어머니가 아버지를 기다린다
―「자코메티의 행렬―골령골」 부분

  골령골 사건은 1950년 6월 28일부터 7월 17일 사이에 대전 산내 골령골에서 대전 형무소에 수용돼 있던 정치범과 10년 이상의 형을 받은 일반범 및 인근의 보도 연맹원 등을 끌어다가 법적 절차 없이 학살한 사건이었다. 당시 대전형무소에는 제주 4.3 사건과 관련되어 체포되었던 제주 사람들이 많이 수용되어 있었던 것으로 전해진다. 이 골령골 학살엔 충남지구 CIC, 2사단 헌병대, 대전 지역 경찰 등이 관여했다. 골령골의 암매장 구덩이를 이으면 전체의 길이가 무려 1km에 달하고, 희생자 수는 최소 1,800명에서 최대 7,000명까지로 추산되고 있는 학살 사건이기도 하다.
  당시 현장을 지휘한 주범이 2사단 헌병대의 심용현(1918-1986, 육사 8기) 중위였다. 그 후 심용현은 1954년 12

월 중령으로 예편하고, 성신여대 설립자 이숙종(1904-1985)이 후사가 없자 조카인 그가 이어받아 학교법인 성신학원의 제6·7·12·13대 이사장을 지냈다. 그의 딸인 심화진(1956-)도 성신학원 이사장과 성신여대 총장을 역임했다. 성신여대 역사상 최초의 연임 총장이었던 심화진은 교비 횡령 혐의로 2017년 법정 구속되기도 했다. 그녀의 총장 연임엔 박근혜-최순실 국정농단 세력이 개입한 것으로 알려져 있다. 심화진의 남편은 전임범(육사 37기, 1958-) 전 특전사령관으로 문재인 더불어민주당 대표의 선거 캠프 안보 자문위원으로 위촉됐던 인물이기도 하다.

　피학살자들이 억울한 죽음으로 골령골에 묻혀 수십 년간 가족들조차 그 생사와 행방을 모른 채 비참하게 썩어가는 동안 학살의 주범들은 그 가족들과 함께 대를 이어 최근까지 우리 사회의 주류로서 당당하게 행세해왔다. 그것이 우리 현대사의 부조리한 한 단면이었다.

　시인은 몇십 년 만에 발굴된 학살 현장의 모습을 보자 직감적으로 **뼈**대만 남은 듯한 자코메티의 녹슨 철제 조각상이 떠오른 모양이다. 시인은 피학살자들의 정강이**뼈**, 머리**뼈** 손가락**뼈**, 발가락**뼈**, 갈비**뼈** 등이 눕고, 엎드리고, 뒤엉킨 채 드러난 모습 속에서 오랜 세월 침묵 속에 묻혀있던 불안하고 위태로운 진실의 **뼈**대를 확인한다.

　계속해서 시인의 발길이 계속에서 닿고 있는 곳이 분단과 전쟁의 상흔이 남아있는 철원평야, 미 공군 사격장이 있던 매향리, 연산군 유배지 교동도, 단종 유배지 청령포, 제암리, 동학농민군이 모였던 고창군 무장 지역 등, 역사적 상흔이 깊게 남아있는 곳임을 눈여겨볼 필요가 있다. 민족의 시원지인 바이칼호수에서 시작된 시인의 여정은 직계 조상의 뿌리와 고향의 아픈 상처들이 박혀 있는 골목과 마을을 거쳐 유사한 상흔들이 남아있는 역사적, 현실적 공간들로 확대되고 있다.

 시인은 흡사 자기 몸에 물을 가득 싣고 그 물을 자양분 삼아 메마르고 황량한 불모의 사막을 건너가는 낙타의 모습을 하고 있는 듯하다. 왜 아니겠는가? 시인이야말로 '활자 정원'을 가로질러 '종이 사막'을 횡단하는 낙타가 아닌가.

 시인은 여전히 골목과 골목을 지나, 돌담과 돌담 사이를 통과하여 어딘가에서 불어오는 바람과 파도에 밀려오는 해독할 수 없는 주문을 자신만의 언어로 옮겨놓기 위해 분투 중인 듯하다. 그 바람과 파도를 자신만의 언어로 표현할 수 없다면 시인은 더 이상 존재 이유가 없다. 그래서?

  파도야 어쩌란 말이냐

 바람이 분다 살아야겠다
 바람이 분다
 또 살아야겠다

이 도서의 국립중앙도서관 출판예정도서목록(CIP)은 서지정보유통지원시스템 홈페이지(http://seoji.nl.go.kr)와 국가자료공동목록시스템(http://www.nl.go.kr/kolisnet)에서 이용하실 수 있습니다. (CIP 제어번호 : CIP2015027052)

본 도서는 **전라북도문화관광재단 2024지역문화예술육성지원사업**의 지원을 받아 발간되었습니다.

한국대표시인선 · 123

종이 사막

초판 1쇄 인쇄 2025년 9월 15일
초판 1쇄 발행 2022년 9월 22일

지 은 이 · 김양숙
펴 낸 이 · 장병환
펴 낸 곳 · 도서출판 시와산문사
주 소 · 03173 서울시 종로구 새문안로 5가길 11(내수동)
 옥빌딩 503호
전 화 · 02.738·5595
e-mail · sisanmun2@daum.net
등록번호 · 제1987-000010호

값 12,000원

ISBN 979-11-93032-09-1 03230
* 한국간행물윤리위원회의 윤리강령 및 실천요강을 준수합니다.
* 잘못된 책은 교환해드립니다.